Smart Book

기초한문교재

현토번역

신편 주해천자문

註解千字文 - 附讀本

이충구 역주

傳統文化研究會

新編 註解千字文 12,000원

2020년 12월 30일 초판 발행
2025년 04월 30일 초판 2쇄

譯 者 이충구
懸 吐 오규근
潤 文 이화춘 원주용
校 訂 이지곤 박상수
編 輯 이화춘
出 版 신양선

發行人 김 현
發行處 社團法人 傳統文化硏究會
서울 종로구 삼봉로 81 두산위브파빌리온 1332호
전 화 : (02)762-8401 전 송 : (02)747-0083
홈페이지 : juntong.or.kr
등 록 : 1989. 7. 3. 제1-936호
총 판 : 한국출판협동조합(070-7119-1750)

I S B N 979-11-5794-280-0 04710
978-89-85395-49-6 (세트)

기초한문교재 Smartbook을 간행하며

오늘날 동북아東北亞 공용문자共用文字인 한자漢字는 그 용도用途가 이분二分되었다 하겠다. 하나는 전통적인 한자문화시대의 고문古文에 대한 연구 분야이고, 다른 하나는 현대 한국韓國과 중국中國, 일본日本 등 한자문화권 국가의 실제 언어생활에 활용하는 어휘 중심의 실용 구어口語와 전문용어 분야이다.

서세동점西勢東漸의 시기에 동양문화東洋文化의 뿌리인 한자가 열등문자劣等文字로 취급되고 배척되는 위기가 있었다. 당시 중국과 일본은 문화文化 전통을 잘 수호守護하여 이를 극복하였던 반면, 월남越南은 프랑스의 식민 하에서 한자를 버렸고, 남북한南北韓은 점령군과 한글전용주의자의 합동 공작攻作으로 문화 수호의 책임을 방기放棄하고 말았다. 어문정책語文政策에 혼란을 초래하여 문화의 기반이 흔들리더니, 이제는 한글전용의 입장이 주류를 형성하였다.

우리 민족은 2,000여 년 전, 저 멀리 삼한시대三韓時代부터 동방東方 공용문자共用文字를 사용하면서 우리 특유의 한자문화를 형성하였고, 나아가 그 바탕에서 우리의 말과 글이 합치하는 훈민정음訓民正音을 창제하여 표의문자表意文字인 한자와 표음문자表音文字인 한글을 융합하여 세계에 유례없는 어문생활을 영위營爲하여 왔다.

그러나 일부 단순한 국수주의자國粹主義者들의 책동策動으로 한글전용정책이 문화·교육·학계 전반을 잠식蠶食하였고, 이는 우리의 문화를 후퇴시켜 오늘날 실질문맹률實質文盲率 64%라는 OECD 최하위권 수준으로까지 추락시켜 문화후진국을 면치 못하게 되었다. 이는 개념어槪念語의 대다수를 차지하는 한자어를 한글로만 표기한 결과, 정확한 원의原意의 이해·전달 및 조어造語가 어려워졌기 때문이다.

그리하여 초·중등교육의 국어國語·역사歷史를 비롯한 각종 교과서 어휘語彙와 용어用語 등으로부터, 전문적인 학술용어學術用語에 이르기까지 국어보다는 외국어外國語가 더 익숙한 상황에 이르렀다.

'한자는 어렵다'는 고정관념은 잘못된 인식이다. 한자는 획수劃數와 글자 수가 많고, 한문의 문장구조文章構造도 우리말과 달라 배우기 어려운 것이 사실이다. 그러나 우리가 오늘날 국어 등에서 사용하는 것은 한자어이다. 사어死語인 고문古文이나 외국어인 중국어문中國語文이 아니다. 사실 우리가 상형문자象形文字로 부르듯이 한자는 그림·형체의 이미지가 있어, 연상聯想 작용과 도형화圖形化 등으로 스토리텔링에 효과적이라는 면에서 지상地上의 문자

중 가장 기억하기 쉬운 문자로 평가되고 있다.

한자는 뇌腦의 활동을 활발하게 하여 오래 기억되는 매우 효용적인 언어라는 것이 뇌과학자腦科學者 조장희趙長熙 박사의 MRI와 일본 등 외국의 실험에서 증명되었다. 또 일본이 표의문자인 한자와 표음문자인 '가나(일본 문자)'를 혼용混用한 것이 세계 제일의 독서국으로 발전하는 원동력이 되었음은 우리에게 시사示唆하는 바가 크다.

오늘날 학교의 한자漢字·한문漢文 교육은 한글전용정책으로 인하여 현대식 교재를 중심으로 제한적·형식적이라 하겠다. 따라서 전통적 교육방법인 성독聲讀, 해석, 쓰기, 외우기, 글짓기 등 시각視覺·청각聽覺·촉각觸覺의 여러 감각기관感覺器官을 극대화하여 입체적이고 효율적인 언어학습을 도모하였던 전통 몽학蒙學(어린이 글공부) 교육의 강점을 다시 연구할 필요가 있다.

우리의 선인先人들은 서당書堂에서 아동들에게 소학小學(예절, 글자 공부)·역사歷史·문학文學 등을 교육하기 위하여 《천자문千字文》《사자소학四字小學》《추구推句》《계몽편啓蒙篇》《동몽선습童蒙先習》《격몽요결擊蒙要訣》《명심보감明心寶鑑》《훈몽자회訓蒙字會》 등을 저술하고 편찬하여 단계적으로 교육하였다.

각 분야의 소학小學(문자학)과 어휘력 확장으로 교양과 기초한문 이해의 기반을 다지고 동양고전 독해력讀解力을 증진하기 위해서는 이와 같은 선인들의 지혜가 응축凝縮된 전통傳統 몽학서蒙學書를 선행先行학습할 필요가 있고, 이를 통해 전통의 감성적·반복적 학습방법과 현대의 이성적·분석적 방법을 융합하여야 한다.

이에 본회는 동양고전 독해력을 2, 3년의 단기간에 터득할 수 있도록 기왕에 편찬한 한자·한문 교과서와 기초한문교재(몽학서) 등의 1990년대 도서를, IT 기술을 접목하여 Smartbook으로 재구성한 21세기 버전으로 편찬하는 바이다. 아울러 지속적으로 새로운 교재를 발굴하여 고전독해력을 효율적·집중적·합리적으로 제고提高할 수 있도록 한문독해의 첩경捷徑을 시리즈로 제시할 것이다.

이러한 노력은 전통문화의 계승과 현대문화의 선진화와 생활언어의 격조를 높임은 물론, 한국학韓國學·동양학東洋學의 기반을 조성하고, 선진문화先進文化 한국인韓國人을 위한 한자어 교육의 현대화現代化와 정보화情報化를 선도하여 선진문화한국 VISION 2030 성취의 밑거름이 될 것이다.

사단법인 전통문화연구회 이사장 이계황李啓晃

《신편 주해천자문》을 집필하며

'하늘 천, 따 지' 라고 읊는 소리는 지금도 여기저기서 자주 들을 수 있다. 이는 한문 교육의 초급 과목科目이 오랫동안 특히 《천자문千字文》에 의거한 유풍遺風을 보이는 것이다.

《천자문》은 최고 난도의 구문構文이다. 동일 글자를 반복 사용하지 않고, 많은 고사故事를 인용하며, 그리고 도치倒置·생략省略·압운押韻·대구對句 등이 있어 1,000자만 가지고 다른 저술과 비교한다면, 난이도는 《시경詩經》 등 어느 책도 《천자문》을 당할 저술이 없을 것이다. 《백수문白首文》(머리가 센 글)이라는 《천자문》의 별명에서 심혈을 크게 기울인 고난도의 작품임이 바로 드러나는 것이다.

이렇게 난해한 《천자문》을 우리나라에서 초학서初學書로 사용한 데에는 큰 아쉬움이 있다. 《천자문》 학습을 3년이 되도록 끝마치지 못해 농사짓는 지게를 지게 된 사람들이 허다했던 것이다. 그리하여 다산茶山 정약용丁若鏞은 〈천자문불가독설千字文不可讀說〉이라는 저술까지 하였다. 《천자문》 대신 사자소학四字小學·동몽선습童蒙先習·추구推句·명심보감明心寶鑑 등을 우선 학습할 것이고, 《천자문》은 한문이 상당히 숙달된 다음에 학습할 것이었다.

《천자문》에 대한 필자의 역주譯註는 기존의 '교수용지도서 〈주해천자문註解千字文〉'(전통문화연구회, 2010)이 있다. 이번에 다시 원고를 작성하게 된 것은 《천자문》을 번역문만으로도 내용을 이해할 수 있게 하고, 그리하여 일반용이 되게 하고, '교수용'보다 간결하게 하고, 국한문 병용을 하는 취지에 의한 것이다. 기존 원고의 첨삭添削이 주된 작업이어서 쉬울 듯하였으나 오산이었고 3차례 개고改稿를 하고 나서 이 글을 쓴다.

특히 이계황李啓晃 회장님께서는 《천자문》에 지대한 관심을 두고 직접 전문全文 교열校閱을 하시어 일자척구一字隻句까지 적부適否를 깊이 검토하는 등 노익장老益壯의 열정을 쏟으셨는데, 그 연유에 대하여 "코로나19로 집안에 들어앉아 이것을 읽어 고쳤네."라고 하시었다. 그리고 이 책의 출간을 맡은 이화춘 실장께서는 원고가 들어갈 때마다 지침을 주시고 수정을 가하시어 많은 곳이 바뀌었다. 이렇게 볼 때 이 책은 필자 한 사람의 원고가 아니라 전통문화연구회와 공동으로 작성된 공동 역주譯註라고 할 것이다.

이번 개고에서 더욱 절실히 느낀 것은 《천자문》이 정말 어렵다는 것이었다. 예컨대 '호봉

팔현戶封八縣' 을 《천자문석의》의 원저자는 알지 못한다고 하였는데, 이는 후한後漢 왕상王常이 식읍食邑 8현縣을 받은 고사이다. 이러한 보충, 그리고 오류 수정 등이 꽤 이루어졌으나 미해결이 아직도 많다. 독자들의 지도편달로 더욱 보충되기를 기대한다.

2020년 여름 시습학사時習學舍에서 이충구李忠九 쓰다

일러두기

1. 이 책에 대하여

《천자문》은 4언言 1구句를 이룬 4언고시四言古詩이다. 모두 250구句, 125련聯, 1,000자字로 이루어져 있는바, 1,000자라는 것에서 《천자문》이 되었다. 이는 진晉나라 왕희지王羲之가 쓴 〈천자문千字文〉의 원운原韻(차운의 원본 시)에 주흥사周興嗣가 차운次韻(원운의 시운을 따라 지은 시)하여 이룩된 것이어서, 압운押韻을 따라 사용한 1,000자의 운문韻文이 전제된 상황에서 지어진 것이다.

《천자문》의 저자는 남조南朝 양梁나라의 주흥사周興嗣(469~537, 또는 ?~521)이다. 후일 주해를 덧붙인 주해서가 이룩되었는데, 《천자문석의千字文釋義》·《주해천자문註解千字文》이 있다. 《천자문》 및 이들 주해서의 저자와 종류 등을 제시하면 다음과 같다.

1) 《천자문千字文》, 남조 양南朝 梁 주흥사周興嗣, 명明 매정조梅鼎祚 편編, 사고전서四庫全書 《양문기梁文紀》 권14에 수록.
2) 《천자문석의千字文釋義》, 청淸 왕소윤汪嘯尹 찬집纂輯, 손겸익孫謙益 참주參注, 상해고적출판사上海古籍出版社, 상해上海, 1989. 2차 인쇄.
3) 《주해천자문註解千字文》, 조선朝鮮 홍성원洪聖源 저술著述(홍태운洪泰運 신간新刊), 단국대학교출판부, 서울, 1984. 재판.(1752년 초간본 출간)

《천자문》의 저자 주흥사에 대하여는 "양나라 고조高祖(무제武帝)는 … 왕희지가 쓴 〈천자문〉을 차운하게 하여 아울러 주흥사에게 글을 만들게 하였는데, 지은 글을 올릴 때마다 고조는 바로 훌륭하다고 하면서 황금과 비단을 더 내려주었다.(《양서梁書》 권49 〈주흥사열전周興嗣列傳〉)" 하였다. 당시 주흥사의 관직은 《천자문석의》에 의하면 원외산기시랑員外散騎侍郎이었다. 주흥사는 하루 저녁에 엮어 지어 올려서 수염과 머리털이 모두 희어졌고, 이에 의해 《천자문》을 《백수문》이라고도 한다. 주흥사의 관직은 급사중給事中에 이르렀고, 그의 여러 저술 가운데 《천자문》만 전해지고 있다.

《천자문석의》의 저자는 왕소윤汪嘯尹 찬집纂輯, 손겸익孫謙益 참주參注이다. 왕소윤은 《천자문석의》의 오몽吳蒙 〈전언前言〉에 의하면 청淸나라 초기 인물로 소개되어 있고, 《천자문석의》는 수隋나라 이후에 출현된 여러 종류의 《천자문》 주석본 가운데 비교적 우월한 것으로 인정되었다. 본서는 주흥사의 《천자문》을 본문으로 하고, 그것을 풀이한 주석을 광범하게 제시하였을 뿐만 아니라, 전문全文을 4장章으로 분석하고 또 각 장마다 절節로 분석하여 장章·절節의 의미를 요약하였다. 따라서 《천자문》의 장·절의 의한 체계적인 이해를 하는 데에 매우 유용할 것이다.

《주해천자문》의 원저자는 홍성원洪聖源이고, 신증본新增本 출간자는 홍태운洪泰運이다. 원간본原刊本은 서울대학교 중앙도서관 소장의 고서古書 중에 1책이 있는바 권말에 기록된"숭정崇禎 125년 임신(1752) 겨울에 구계정사龜谿精舍에서 주해註解하였다. 상호군上護軍 남양南陽 홍성원洪聖源이 쓰다. 남한南漢 개원사開元寺에서 판각하다."에 의해 홍성원이 1752년(영조 28)에 저술하여 출간한 것을 확인할 수 있다. 이를 바탕으로 신간본新刊本이 나왔는데 그 간기刊記에 "남양南陽 홍태운洪泰運이 쓰다. 숭정崇禎 177년 갑자(1804) 가을에 경성京城 광통방廣通坊에서 새로 간행하다."라는 기록과 이 간기刊記 바로 앞에 "전자篆字와 자음字音의 청탁淸濁 및 소주小註는 모두 신증新增이다."라고 하여 홍태운이 1804년(순조 4)에 신증본新增本을 출간한 것을 확인할 수 있다.(이기문李基文, 《주해천자문》 〈천자문해제千字文解題〉, 단국대학교출판부, 영인본, 1984, 297면. 이 영인본은 홍태운의 신증본을 저본으로 한 것임)

이 주해서는 《주해천자문》(단국대학교출판부, 영인본)을 저본으로 하고, 한문漢文 원문原文은 《천자문석의》 등 여타 주석서註釋書를 참고하여 국어로 해석하고, 1,000자 본문의 국어 음훈音訓을 제시하고, 본자本字·속자俗字 등을 밝히고, 용어用語·고사故事 등을 풀이하여 쉽게 이해할 수 있도록 하였다. 그리고 장章의 분류를 《천자문석의》에 의하여 표시하였다.

2. 편집의 특징

1) 교수-학습의 편의를 위해 4자字 2구句마다 문장번호를 붙여 전후 관계를 살피는 데 도움을 주고자 하였다.
2) 원문 하단에 한문독해를 위한 패턴과 한자의 훈음訓音을 제시하였다.
   (1) 《한문독해기본패턴》(본회 고전교육연구실 저)을 기준으로 패턴을 제시하되, 필요한 경우 추가로 패턴을 선정選定하여 제시함.
   (2) 중학교 900자 수준 이상의 한자와 특수한 뜻으로 사용된 한자에 훈음訓音을 제시함.
   (3) 모양이나 의미가 비슷한 한자, 통용되는 한자 등을 제시함.
3) 한자의 쓰임이나 문장 구조의 이해를 돕기 위하여 가급적 직역直譯에 가깝게 번역하였다.

(1) 원문의 번역만으로 이해가 어려워 보충역이 필요한 경우 '〈보충역〉'의 형태로 제시함.

4) 풀이 순서, 끊어 읽기에 유의留意할 부분에는 별도 기호로 표시하였다.

5) 고유명사나 개념어를 비롯하여 한문독해에 필요한 각종 어휘를 주석注釋하였다.

6) 본서에 사용된 주요 부호符號는 다음과 같다.

부호	내용
" "	대화, 각종 인용
' '	" " 안에서 재인용, 강조
《 》	서명書名, 출전出典
〈 〉	편장명篇章名, 작품명作品名, 보충역補充譯
〔 〕	번역문과 음이 다른 한자 및 자구字句, 번역 뒤 인용한 원문原文
【훈음】	한자의 훈음
【어휘】	어휘의 뜻 풀이
註解	원문 주석
•	독해 패턴 및 구절 해설
$\overset{1}{\text{數}}\overset{2}{\text{字}}$	직해 풀이 순서

3. 부록 및 독본

1) 부록에 '한문독해를 위한 패턴'과 '한자 훈음'의 색인을 제시하였다.

2) 연수 및 성독聲讀(낭독朗讀)을 위하여 원문 독본讀本을 책의 뒷표지에서 우철右綴하여 종서縱書(세로쓰기)로 제공하였다.

4. 연수 방법

연수의 방법은 '전체를 일독一讀한 후 일정부분을 여러 번 반복해서 다독多讀하는 경우', '처음부터 찬찬히 정독精讀하는 경우', '번역문과 주석들을 던저 읽고 원문原文을 뜯어보는 경우', '관심 있는 부분을 중심으로 먼저 살펴보는 경우' 등 각자의 습관에 따라 다양하다. 그러나 아래의 몇 가지는 반드시 지켜야 독해력讀解力이 신장된다.

1) 번역문을 보기 전에 일정부분의 원문을 몇 번 읽고 스스로 풀이해보고 번역문, 주석 등과 비교해본다.

(1) 첨부된 독본 사용을 권장함. 원문을 여러 번 읽는 과정은 문장을 익숙하게 만듬.

(2) 만약 본인이 완전 초보라면 번역문을 먼저 읽어 대체를 미리 익히는 것도 좋음.

2) 현토懸吐, 구문構文, 용례用例, 숙어熟語를 익히고 풀이된 설명을 완전히 이해하도록 한다.
3) 소리 내어서 여러 차례 성독聲讀(낭독)과 쓰기를 반복한다.
   (1) 독본 또는 별책의 수진본袖珍本을 활용하여 최소 20회 이상 성독하고, 3회 이상 정성 들여 쓸 것. 원문과 번역문을 읽고 쓰는 과정은 머리에 각인되는 효과가 있음.
4) 스마트북 기능을 이용해서 반복反復 학습한다.
   (1) 본 책은 QR코드를 통해 문장의 다양한 학습도구와 정보를 제시함.
   (2) 이를 활용하면 연관되는 많은 내용을 알 수 있고, 다양한 반복학습이 가능함.
   (3) 읽어주는 원문과 뜻풀이도 반복해서 듣고, 따라 읽으면 문리文理 터득 기간 단축.

5. '스마트북'이란?

1) PC 및 Mobile 등 정보화 IT기기를 이용한 교재의 다양한 학습보완 기능을 'Smartbook(스마트북)'이라 하였다. 이를 통하여 한자·한문 연수·학습 교재의 새로운 지평을 제시하고자 한다.
2) 스마트북으로 도서의 모든 요소를 정보화하여 제공함은 물론, 그 밖의 관련자료를 추가 제공하여 학습효과에 도움을 주고자 한다.
3) 본서 스마트북의 정보제공 범위는 다음과 같다. ○ : 동일제공, ◎ : 확대제공

구분	내용	도서	스마트북	
			PC	Mobile
원문/현토	대상 원문과 현토	○	○	○
번역	번역문	○	○	○
직해 및 직해순	직해 및 번역하는 순서와 훈음	○	◎	○
주석 및 해설	주요 어휘와 개념어 및 해설	○	◎	○
패턴	원문에 사용된 주요 구문構文 패턴 정보	○	◎	○
음원音源	원문 및 번역문의 듣기, 읽기, 따라읽기 등		○	○
도판	삽화, 지도, 연표, 사적, 문물 등	○	◎	◎
강좌	도서의 온라인 동영상 강독 또는 강의		○	○
쓰기노트	프린터용 쓰기노트		○	
책갈피	온라인 책갈피 기능		○	○
토론실	이용자의 토론공간		○	○

※ 일부 기능은 제작중이거나, 온라인 회원에 한하여 제공될 수 있음.

6. 스마트북 이용 방법

1) 본서는 각 단원별로 페이지 하단에 'QR코드'와 '단축기호'를 제공하고 있다.
2) 스마트북의 사용법은 다음과 같다.
   (1) '스마트폰'을 사용할 경우 'QR코드'나 '단축주소'를 활용하여 접근한다.
      ※ QR코드를 이용할 때는 주요 포털 사이트의 App에서 제공되는 기능을 활용함.
   (2) 'PC'를 사용할 경우 단원별로 제공된 '단축기호'를 활용하여 접근한다.
      ※ 단축주소 : "http://JTLink.kr/단축기호" (대소문자 무관)

목 차

기초한문교재 Smartbook을 간행하며 ………… 3
《신편 주해천자문》을 집필하며 ………… 5

註解千字文

Ⅰ. 하늘 · 땅 · 사람의 길 天地人之道 ………… 13
Ⅱ. 군자가 몸을 닦는 길 君子修身之道 ………… 33
Ⅲ. 천하에 제왕이 되는 기반 王天下之基 ………… 64
Ⅳ. 처신과 치가의 길 處身治家之道 ………… 91
Ⅴ. 어조사 語助 ………… 128
추보追補 및 간행기 ………… 130

부 록

한문 독해 패턴 색인 ………… 132
한자 훈음 ………… 134

♤ 附 讀本 - 右綴 ♤

千字文 讀本 ………… 六

Ⅰ. 하늘·땅·사람의 길 天地人之道

곤륜산崑崙山, 《삼재도회三才圖會》 - 9번 문장 소재

001 **天地玄黃**하고 하늘은 〈위에서 덮어〉 검으며 땅은 〈아래에서 실어〉 누렇고,

宇宙洪荒이라 우주는 〈시간과 공간이〉 넓고 크다.

【훈음】 天 하늘 **천** 地 땅 **지** 玄 검을 **현** 黃 누를 **황**
宇 처마 **우** 宙 집 **주** 洪 넓을 **홍** 荒(=荒) 클 **황**

【어휘】 宇宙 : 우宇는 공간으로, 주宙는 시간으로 설명된다.

• 玄 : 청淸나라 강희황제康熙皇帝의 이름이 현엽玄燁이므로, 청나라에서는 '玄'을 피하여 '元'으로 대용하였다.
• 黃, 荒 : 4글자 2구句 안에서 압운押韻한 것이다. 이 뒤는 '張, 藏, 陽, ……'으로 8글자 2구마다 격구隔句 압운을 이루고, 맨 끝의 '謂語助者 焉哉乎也'에는 또 '者, 也'로 2구 안에서 압운하여 마쳤다.

註解 此는 言天地之始也라 易曰 天玄而地黃이라하니 天覆(부)於上하여 而其色玄하고 地載於下하여 而其色黃也라 天地之內를 橫說則爲上下四方이요 竪說則爲往古來今이니 洪廣而荒遠하여 無涯涘(사)하고 無終極也라

【훈음】 覆 덮을 **부** 載 실을 **재** 橫 가로 **횡** 竪 세로 **수** 涯 끝 **애** 涘 물가 **사**

【어휘】 其[天]色玄 : 하늘빛은 검다. 하늘빛은 태양의 빛이 지구의 대기층大氣層을 통과함에 의하여 푸른색, 붉은색 등으로 나타나는 것이지, 대기층이 없어 빛의 산란이 없는 곳, 예컨대 달에서 하늘(우주)을 보면 검게 보인다고 한다.
• 荒遠 : 아득히 멀다. • 涯涘 : 끝. 한계. 자장자리.

• 天覆於上 地載於下 : 앞뒤의 구조가 똑같으나 '於'는 내용에 따라 '~을/를', 또는 '~에' 등으로 풀이할 수 있다.

이는 하늘과 땅〔天地〕의 시초를 말한 것이다. 《주역周易》 〈곤괘坤卦 〈문언전文言傳〉에〉 이르기를 "하늘은 검고 땅은 누렇다." 하였으니, 하늘은 위에서 덮고 있으면서 그 색깔이 검고, 땅은 아래에서 싣고 있으면서 그 색깔이 누렇다.

천지의 안을 가로〔空間〕로 말하면 상하上下와 사방四方이 되고, 세로〔時間〕로 말하면 옛날과 지금〔往古來今〕이 되는데, 넓고 멀어서 가장자리가 없고 끝이 없다.

CV666

002

日月盈昃하고 辰宿列張이라

해는 〈중천中天에서〉 기울며 달은 〈찼다가〉 이지러지고, 12신辰〔별〕과 28수宿〔별 위치〕가 〈둥글게〉 벌여 있다.

【훈음】 日 해 **일** 月 달 **월** 盈 찰 **영** 昃(=昗) 햇살 기울 **측**
辰 열 두 별자리 **신** 宿(=宿) 스무 여덟 별자리 **수** 列 벌릴 **렬** 張 베풀 **장**

- **日月盈昃** : '日(中則)昃 月盈(則虧)'의 괄호 부분이 생략된 글이다. '日昃月盈'을 '日月盈昃'으로 바꾼 것은 '辰宿列張'과 대구對句를 꾀하고, '측昃'(측성)이 운문자韻文字 '장張'(평성)에 측성仄聲과 평성平聲이 상대相對되는 호응을 꾀한 것이다.

註解 易曰 日中則昃이요 月盈則虧라하니 日은 一日之內에 中而昃하고 月은 一月之內에 盈而虧하여 經緯錯綜이 如環無端이라 周天之度를 分爲十二次하면 是爲辰(신)이요 而日月會를 分爲二十八次하여 而二十八宿行하여 環列而分張也라

【훈음】 虧 이지러질 **휴** 經 날줄 **경** 緯 씨줄 **위** 錯 섞일 **착** 綜 모일 **종** 環 고리 **환** 次 위치 **차**
【어휘】 **錯綜** : 여러 가지가 뒤섞여 모이다.

- **A是爲B** : A를 B라고 하다

《주역周易》〈풍괘豊卦 〈단전彖傳〉에〉 이르기를 "해는 중천中天에 있으면 기울고 달은 차면 이지러진다." 하였다. 해는 하루 안에 중천에 떠 있다가 기울고, 달은 한 달 안에 찼다가 이지러져 이리저리 왔다 갔다〔經緯錯綜〕함이 고리와 같아 끝이 없다.

천체天體 주위〔周天〕의 도수度數를 12방위로 나누면 이것이 신辰이 되고, 해와 달이 만나는 곳을 나누어 28위치를 삼는데, 28수宿가 운행하면서 둥글게 나열되어 분포하고 있다.

'진辰'은 지지地支, '신辰'은 별·때

'辰'은 지지地支와 관련될 경우에는 '진'으로 읽고, 나머지의 경우는 '신'으로 읽는다. 지지는 '무진戊辰', '임진壬辰' 등에 쓰이고, 별은 '북신北辰', '성신星辰'에 쓰이고, 때는 '생신生辰'에 쓰인다. '辰'은 본래 중국에서 1음이던 것을 우리나라에서 2음으로 나누어 사용하는 것이다. '辰'을 '신'으로만 표음하면 지지地支인 경우 임신壬辰·임신壬申('辰'과 '申'의 중국음은 이음異音임) 등이 모두 '신'으로 나타나서 혼동되는데 '진'으로 표음하면 '신申'과의 혼동을 피할 수 있다. 이를 위해 '辰'을 지지의 경우 '진'으로 변음變音하여 구별한 것으로 추측된다.

CV667

003 寒來暑往하고 〈사철은〉 추위가 오면 더위가 가고,
〈더위가 오면 추위가 가며〉

秋收冬藏이라 가을에 〈성숙하면〉 거두며, 겨울에 〈죽게 하면〉 간직한다.

【훈음】 寒 찰 한 來 올 래 暑 더울 서 往(=徃) 갈 왕
秋 가을 추 收 거둘 수 冬 겨울 동 藏 간직할 장

註解 易曰 寒往則暑來하고 暑往則寒來하니 往者는 屈也요 來者는 信也라하니라 萬物이 春生夏長하며 秋而成熟하면 則斂而收之하고 冬而肅殺하면 則閉而藏之하나니라

【훈음】 信 펼 신 斂 수확할 렴 之 그것 지
【어휘】 肅殺 : 죽이다.

《주역周易》〈〈계사전 하繫辭傳下〉 5장에〉 이르기를 "추위가 가면 더위가 오고 더위가 가면 추위가 오니, 가는 것은 굽힘이요 오는 것은 폄이다." 하였다.

만물萬物이 봄에는 나오고, 여름에는 자라며, 가을이 되어 성숙하면 수확하여 거두고, 겨울이 되어 추워서 죽게〔肅殺〕 하면 간직한다.

신수 辰宿

해와 달이 만나는 곳과 사방 가운데의 별이 모두 28수宿이다. 사람의 눈에 보이는 것을 들면 성星으로 말하고 해와 달이 만나는 곳을 논하면 신辰으로 말하지만 실상은 한 물건이므로 성신星辰으로 함께 쓴다.

CV668

004 **閏餘成歲**하고 윤율閏率 여분으로 〈음력 윤달을 두어〉 해를 이루고,

律呂調陽이라 육률六律과 육려六呂로 음양陰陽이 조화調和되어 〈만물이 다스려진다.〉

【훈음】 閏 윤율閏率 윤 餘 남을 여 成 이룰 성 歲 해 세
律 양률陽律 률 呂 음률陰律 려 調 고를 조 陽 양기陽氣 양

【어휘】 閏 : 윤율閏率. 1년 동안 해의 운행 시간과 달의 운행 시간의 차이 비율을 가리키는 말이다. 이는 기영氣盈과 삭허朔虛를 합한 시간이다.
• 餘 : 윤율의 남아도는 시간.
• • 成歲 : 1년이 이루어지다.
• 律 : 죽관竹管·금속관金屬管의 대롱이며, 음률관音律管 또는 측후관測候管으로 사용한다.
• 陽 : 음양陰陽에서 '陰'의 생략. '律'은 '陽'에, '呂'는 '陰'에 더응되는 것이다.

註解 一歲는 十二朔二十四氣니 氣盈朔虛가 積三十二朔이면 則爲二十九日餘라 以置閏而定四時成歲矣니라 六律爲陽이요 六呂爲陰이라 先王이 考音樂하여 定律呂하니 則陰陽調하여 而萬物理矣니 擧陽則陰在中이라

【훈음】 朔 달 삭 閏 윤달 윤

【어휘】 二十四氣 : 이십사절기二十四節氣. 일 년을 스물넷으로 나눈 절기節氣.
• 氣盈朔虛 : 해와 달의 1년 운행 시간의 중간 숫자 360일을 기준으로 놓고, 기영은 해가 더 운행한 시간을 말하고, 삭허는 달이 덜 운행한 시간을 말한다.
• 四時 : 사철.
• 六律爲陽 六呂爲陰 : 12율관律管을 음양陰陽으로 나눈 것을 말한다. 6양관陽管은 율律이 되는데 황종黃鍾·태주太簇·고선姑洗·유빈蕤賓·이칙夷則·무역無射이고, 6음관陰管은 려呂가 되는데 대려大呂·협종夾鍾·중려仲呂·임종林鍾·남려南呂·응종應鍾이다.

• A爲B : A는 B이다

1년은 12개월에 24절기이니, 기영氣盈과 삭허朔虛가 32개월이 쌓이면 29일이 남는다. 이것을 가지고 윤달을 두어 사시四時를 정하고 1년을 이룬다.

육률六律은 양陽이고 육려六呂는 음陰이다. 선왕先王이 음악을 상고하여 율려律呂를 정하였으니, 음양이 조화되어 만물이 다스려졌다. '陽'만을 거론하였는데 '陰'의 〈내용도〉 그 속에 들어 있다.

CV669

005 **雲騰致雨**하고　구름이 〈엉기어〉 오르면 비를 이루고,

露結爲霜이라　이슬이 〈차가우면〉 맺혀 서리가 된다.

【훈음】 雲 구름 운　騰 오를 등　致(=致) 이룰 치　雨 비 우
露 이슬 로　結 맺을 결　爲 될 위　霜 서리 상

註解 山澤出雲하고 雲凝而騰則到雨하니 此는 言雲雨之相仍也라 夜氣成露하고 露寒而結則爲霜하니 此는 霜露之相嬗也라

【훈음】 澤 못 택　凝 엉길 응　仍 이을 잉　嬗(=禪) 물려줄 선 ; 전할 선

• **A之B也** : A가 B하다

산과 못에서 구름이 나오고 구름이 엉기어 오르면 비를 이루니, 이는 구름과 비가 서로 이어짐을 말한 것이다.

밤 공기가 이슬을 이루고 이슬이 차가워져 맺히면 서리가 되니, 이는 서리와 이슬이 서로 바뀜을 〈말한〉 것이다.

CV670

006 **金生麗水**하고 사금沙金은 여수麗水에서 생산되고,

玉出崐岡이라 옥은 곤강崐岡에서 출토出土된다.

【훈음】 金 쇠 금 生 날 생 麗 강 이름 려 水 물 수
玉 구슬 옥 出 날 출 崐(=崑, 昆) 산 이름 곤 岡(=崗) 산봉우리 강

화씨벽 和氏璧

초楚나라 사람 변화卞和가 초산楚山에서 박옥璞玉(다듬지 않은 옥덩어리)을 얻어 여왕厲王에게 올렸다가 가짜라고 판정받아 왼쪽 다리를 베이고, 다시 무왕武王에게 올렸다가 가짜라고 판정받아 오른쪽 다리를 베였다. 이후 문왕文王에게 다시 올리자 문왕이 박옥을 다듬어서 보옥寶玉을 얻고 명명하여 화씨지벽和氏之璧이라고 한 고사를 이른다. –《韓非子》〈和氏〉

註解 麗水는 在雲南省永昌府하니 土人이 取沙於水하여 淘汰百鍊하면 則成金하니라 崐은 山名이니 在荊山之陽이라 楚人卞和가 得玉於此하여 獻於成王하니 名和氏璧이라 後爲秦璽하니라

【훈음】 淘 일 도 汰 일 태 鍊 제련할 련 荊 가시나무 형
獻 바칠 헌 璧 구슬 벽 璽 도장 새

【어휘】 崐 : 곤륜崑崙. 곤륜昆侖. 곤륜산昆侖山.
• 淘汰 : 물에 일어서 잡물질을 씻어 없애고 제거하다.
• 鍊 : 제거하여 정수精髓만 남게 하다.
• 陽 : 물의 북쪽, 산의 남쪽을 지칭한다.
• 秦璽 : 전국새傳國璽. 전국보傳國寶. 진秦나라 이후 황제皇帝가 대물려 전하던 인장印章.

여수麗水는 운남성雲南省 영창부永昌府에 있는데, 이 지방 사람들이 물에서 모래를 건져내어 일어서 백 번을 정련精鍊하면 사금砂金이 나온다.

곤崑은 산 이름이니 형산荊山의 남쪽에 있다. 초楚나라 사람 변화卞和가 이 산에서 옥을 얻어 문왕文王에게 바치니 화씨벽和氏璧이라고 불렀는데, 뒤에 진秦나라가 이것으로 옥새玉璽를 만들었다.

CV671

007 **劒號巨闕**이요 칼은 〈구천句踐의 보검〉 거궐巨闕이 이름났고,

珠稱夜光이라 진주珍珠는 〈수후隨侯가 얻은〉 야광夜光이 일컬어진다.

【훈음】 劒(=劍·劍·劔) 칼 **검** 號 이름 **호** 巨 클 **거** 闕 집 **궐**
珠 구슬 **주** 稱 일컬을 **칭** 夜 밤 **야** 光 빛 **광**

월越나라 왕 구천句踐

춘추시대 월越나라 왕 구천은 섶에서 자는 와신臥薪(섶에 누움)을 했던 오吳나라 왕 부차夫差와 회계산會稽山에서 교전하였다가 항복한 이후, 그 치욕을 씻기 위해 쓸개를 맛보는 상담嘗膽(쓸개를 맛봄)을 하여 오나라를 멸망시켰다. -《史記》〈越王句踐世家〉

註解 巨闕은 劒名이니 歐冶子所造라 越王句踐이 滅吳하고 得寶劒六하니 吳鉤湛盧干將莫邪(야)魚腸이요 此其一也라 夜光은 珠名이라 春秋時에 隨侯活龍子한대 報以徑寸珠하니 照夜如晝라 獻于楚王하니 王大悅하여 數世에 不加兵於隨하니라

【훈음】 歐 토할 **구** 邪 어조사 **야** 隨 나라 이름 **수**
【어휘】 歐冶子 : 춘추시대 월越나라의 칼 만드는 대장장이.
• 隨侯 : 수후隋侯로도 혼용한다. 춘추시대 수隨나라 제후의 칭호.

거궐巨闕은 보검의 이름이니, 구야자歐冶子가 주조한 것이다. 월왕越王 구천句踐이 오나라를 멸망시키고 보검 여섯 자루를 얻었는데, 오구吳鉤·담로湛盧·간장干將·막야莫邪·어장魚腸이며, 이 〈거궐도〉 그 중의 하나이다.

야광夜光은 진주의 이름이다. 춘추시대에 수隨나라 임금이 용의 아들을 살려주자, 용은 지름이 한 치가 넘는 진주를 주어 그 은혜에 보답하니, 진주가 빛나 밤에도 대낮과 같이 환하였다. 이것을 초왕에게 바치자, 초왕은 크게 기뻐하여 몇 대가 지나도록 수나라에 전쟁을 걸어오지 않았다.

CV672

008 **果珍李柰**하고 과일은 오얏과 능금을 보배로 여기고,

菜重芥薑이라 채소는 겨자와 생강을 중히 여긴다.

【훈음】 果(=菓) 과실 **과** 珍(=珎) 보배 **진** 李 오얏 **리** 柰(=奈) 능금 **내**
菜 나물 **채** 重 소중히 여길 **중** 芥 겨자 **개** 薑 생강 **강**

오얏씨에 구멍 뚫은 왕융 王戎鑽核

왕융은 진晉나라 죽림칠현竹林七賢의 한 사람이다. 그의 집에 좋은 오얏이 있어 종종 이것을 내다 팔았는데, 남이 종자를 얻어 갈까 염려하여 항상 그 씨에 구멍을 뚫었으므로 세상에서 비방을 받았다. – 《晉書》〈王戎列傳〉

註解 李有佳品하니 晉王戎은 恐人傳種하여 鑽其核하니라 柰名蘋婆니 甘如蘋實이요 涼州柰는 可作脯하니 皆果之貴者라 芥能溫胃行氣하고 薑能通神明하며 去穢惡하니 菜非一種이로되 而重此二者하나니라

【훈음】 種 씨 **종** 鑽 뚫을 **찬** 核 씨 **핵** 脯 포 **포** 穢 더러울 **예**
【어휘】 蘋婆 : 빈파. 사과.

- A之B者 : A중에 B한 것

오얏에 좋은 품종이 있었는데 진晉나라 왕융王戎은 남에게 종자가 전해질까 염려하여 씨에 구멍을 뚫어놓았다. 내柰는 일명 빈파蘋婆(頻婆)인데 감미甘味가 마름 열매와 비슷하며, 양주涼州에서 생산되는 내柰는 포脯〔乾果〕로 만들 수 있으니, 모두 진귀한 과일이다.

겨자는 위장胃腸을 따뜻하게 하고 기운을 유통하게 하며, 생강은 신명神明을 통하게 하고 악취〔穢惡〕를 제거한다. 채소는 한 종류가 아니지만 이 두 가지를 소중히 여긴다.

CV673

009 **海鹹河淡**하고 바닷물은 짜며 하수河水는 〈맛이〉 담박淡泊하고,

鱗潛羽翔이라 비늘 달린 고기는 물속에 잠기며 깃 달린 새는 공중을 난다.

【훈음】 海 바다 **해** 鹹(=鹹) 짤 **함** 河 물 이름 **하** 淡 싱거울 **담**
鱗 비늘 **린** 潛 잠길 **잠** 羽 깃 **우** 翔 날 **상**

註解 海爲衆水所歸하여 積而不散하며 潤下作鹹하고 河源은 出於崑崙하여 諸水不侵하여 其味最淡하니 莫非理也라 記曰 鱗蟲三百六十에 龍爲長이요 羽蟲三百六十에 鳳爲長이라하니 鱗蟲은 藏於水하고 羽蟲은 飛於空하니 皆其性也라

【훈음】 積 쌓을 **적** 潤 적실 **윤** 鱗 비늘 **린** 蟲 동물 **충**
【어휘】 潤下 : 물의 성향이 아래로 내려가서 만물을 적시다.

- 莫非A : A 아님이 없다/모두 A이다

바다는 모든 물이 돌아가는 곳이어서 모여 흩어지지 않고 적시어 내려가서 짜게 된다. 황하黃河의 근원은 곤륜산崑崙山에서 나와 여러 물들이 침범하지 않아 그 맛이 가장 담박하니, 이치가 아닌 것이 없다.

《예기禮記》〈월령月令〉에 이르기를 "비늘이 있는 동물 360가지 중에서 용龍이 으뜸이고, 깃이 달린 동물 360가지 중에서 봉鳳이 으뜸이다." 하였으니, 비늘이 있는 동물은 물속에 숨어들고 깃이 있는 동물은 공중을 나니, 이는 모두가 그 천성天性이다.

CV674

010 **龍師火帝**요 용龍으로 관직官職을 이름 붙인 〈복희伏羲〉, 불로 관직을 이름 붙인 화제火帝인 〈신농神農〉,

鳥官人皇이라 새(鳥)로 관직을 이름 붙인 〈소호少昊〉, 인문人文을 갖춘 인황人皇인 〈황제黃帝가 있다.〉

【훈음】 龍 용 룡 師 관직 사 火 불 화 帝 임금 제
鳥 새 조 官 벼슬 관 人 사람 인 皇 임금 황

【어휘】 龍師 : 용으로 부서장의 명칭을 삼다.
- 火帝 : 불로 부서장의 명칭을 삼은 황제.
- 鳥官 : 새로 부서장의 명칭을 삼다.
- 人皇 : 인문人文을 갖춘 황제.

註解 伏羲以龍紀官師하니 如蒼龍氏司長養하고 白龍氏主肅殺이 是也라 神農은 有火瑞하여 以火紀官이라 故曰火帝라 少昊之立에 鳳鳥至라 故以鳥紀官하니 如祝鳩司徒와 雎鳩司馬가 是也라 人皇은 黃帝也니 以人文大備故也라

【훈음】 羲 사람 이름 희 師 관직 사 肅 위축할 숙

【어휘】 紀 : 명칭으로 한다는 뜻이다.
- 蒼龍氏 : 복희 휘하의 양육을 담당하는 부서장.
- 白龍氏 : 복희 휘하의 살륙을 담당하는 부서장.
- 祝鳩 : 산비둘기. 소호 때에 사도司徒라는 관직 명칭으로 쓰였다.
- 司徒 : 관직 이름. 주周나라 때에는 6경卿의 하나로 지관대사도地官大司徒라 하고 국가의 토지와 백성의 교화를 담당하였다. 뒤에는 호부상서戶部尙書의 별칭을 대사도大司徒라고 하였다.
- 雎鳩 : 물수리. 소호 때에 사마司馬라는 관직 명칭으로 쓰였다.
- 司馬 : 관직 이름. 주나라 때에는 6경의 하나로 하관대사마夏官大司馬라 하고 군대의 일을 담당하였다. 뒤에는 병부상서兵部尙書의 별칭으로 사용하였다.
- 人文 : 인류의 문화.
- 龍師火帝 鳥官人皇 : 註解의 글을 요약 정리하면 '伏羲以龍紀官師, 火帝以火紀官, 少昊以鳥紀官, 人皇以人文大備'로 할 수 있고, 이를 재정리하면 '(伏羲)龍師, 火帝(火官), (少昊)鳥官, 人皇(人文備)'의 괄호 부분이 생략된 글로 이해할 수 있다.

- 以AB : A로 B하다
- 以A故 : A하기 때문이다

복희伏羲는 용龍으로 관직을 이름 붙였으니, 창룡씨蒼龍氏는 양육을 주관하고, 백룡씨白

CV675

龍氏는 죽임을 주관함과 같은 것이 그것이다. 신농神農은 불의 상서로움이 있어 불로 관직을 이름 붙였기 때문에 화제火帝라 하였다.

소호少昊가 즉위할 때에 봉황새가 이르렀으므로 새〔鳥〕로 관직을 이름 붙였으니, 축구祝鳩는 사도司徒, 저구雎鳩는 사마司馬와 같은 것이 그것이다. 인황人皇은 황제黃帝이니, 인문人文이 크게 갖추어졌기 때문에 〈이름 붙인〉 것이다.

복희伏羲, 《만고제회도상萬古際會圖像》

신농神農, 《만고제회도상萬古際會圖像》

삼황오제 三皇五帝

전설 속 상고의 3임금과 5임금. 여러 설이 있다. 삼황三皇은 ①복희伏羲·신농神農·황제黃帝 ②복희·신농·여와女媧 ③복희·신농·수인燧人 ④복희·신농·축융祝融 ⑤천황天皇·지황地皇·태황泰皇 ⑥천황·지황·인황人皇이라 한다. 오제五帝는 ①황제(黃帝 : 軒轅)·전욱(顓頊 : 高陽)·제곡(帝嚳 : 高辛)·당요唐堯·우순虞舜 ②태호(太昊 : 伏羲)·염제(炎帝 : 神農)·황제·소호(少昊 : 摯)·전욱 ③소호·전욱·고신高辛·당요·우순 ④복희·신농·황제·당요·우순이라 한다.

'註解'에는 4명이 보인다. 복희는 처음으로 팔괘八卦를 긋고, 짐승〔犧牲〕을 잡아 음식으로 쓰는 법을 가르쳤으므로 '복희伏犧', '포희庖犧', '포희炮犧' 등으로 표현한다. 태호太昊라고도 하는데 천하를 소유한 호칭이다. 신농은 백성들에게 농업을 가르쳤으므로 '神農'이라 한다. 소호는 '少皞'로도 쓴다. 태호 복희太昊伏羲의 법을 강구했기 때문에 '太昊'에 대응하여 '少昊'라고 한다. 황제는 토덕土德을 표방하였다. 흙〔土〕은 누른색〔黃〕이기 때문에, '黃帝'라고 하였다.

011 **始制文字**하고 〈복희伏羲가〉 처음으로 문자를 만들었고,
乃服衣裳이라 〈황제黃帝가〉 이에 웃옷과 치마를 입었다.

【훈음】 始 처음 시 制 만들 제 文 글자 문 字 글자 자
乃 이에 내 服 입을 복 衣 옷 의 裳 치마 상

창힐蒼頡, 만고제회도상

註解 上古에 無文字하여 結繩爲治러니 伏羲始造書契하여 以代結繩하고 其臣蒼頡이 觀鳥跡而制字하니 爲文字之始라 上古에 無衣裳하여 取木葉皮革以蔽體러니 黃帝爲冠冕衣裳하여 以肅觀瞻하고 以別等威하니 爲衣裳之始라

【훈음】 繩 노끈 승 契 새길 계 頡 새 날아 내릴 힐 跡 발자취 적
蔽 가릴 폐 冕 면류관 면 瞻 볼 첨

【어휘】 結繩 : 의사를 소통하기 위해 노끈을 맺어 표시한 매듭.
• 書契 : 문자. 칼로 나무에 글자를 새긴 것에서 만들어진 어휘이다.
• 蒼頡 : 황제黃帝의 사관史官. 창힐倉頡로도 쓴다. 한자漢字를 처음 만든 사람이라고 알려졌지만 현재는 부정되고, 한자 체계의 형성에 탁월한 공헌을 한 인물로 인식되고 있다.
• 等威 : 등급에 따른 위의威儀.

상고시대에는 문자文字가 없어서 결승結繩(노끈 묶음 표시)으로 정치를 했었는데, 복희伏羲가 처음으로 글자를 만들어서 결승을 대신하고, 그 신하 창힐蒼頡이 새의 발자국을 보고 글자를 창제하니, 문자의 시초가 되었다.

상고시대에는 의상이 없어서 나뭇잎과 짐승 가죽을 취하여 몸을 가렸었는데, 황제黃帝가 관면冠冕과 의상을 만들어 드러난 모습을 엄숙하게 하고 신분의 등급을 구별하였으니, 의상의 시초가 되었다.

CV676

012 **推位讓國**은 **有虞陶唐**이라

〈천자天子의〉 지위를 물려주고 나라를 양여讓與한 이는 유우有虞(순舜)와 도당陶唐(요堯)이다.

【훈음】 推 밀 추 位 지위 위 讓 사양할 양 國 나라 국
有 어조사 유 虞 나라 우 陶 땅 이름 도 唐 땅 이름 당

【어휘】 陶唐 : 옛날 임금 이름. 요堯 임금. 당요唐堯. 제곡帝嚳의 아들로, 성은 이기伊耆이고 이름은 방훈放勳이다. 처음에 도陶에 봉해졌다가 뒤에 당唐으로 옮겼다.

• 有 : 일반적으로 왕조나 나라 이름 앞에 붙이는 어조사. 유우有虞·유하有夏·유송有宋·유명有明 등이 그 예이다.

제순帝舜, 《만고제회도상萬古際會圖像》

註解 言推致天子之位하여 以遜讓其國也라 有虞는 帝舜이요 陶唐은 帝堯라 堯子丹朱不肖에 讓於舜하고 舜子商均不肖에 讓於夏禹하니 此卽推位讓國也라

【훈음】 遜 사양할 손 肖 닮을 초

【어휘】 丹朱 : 요堯의 아들. 요堯는 그가 어질지 못하다는 것을 알고 순舜에게 천하를 물려주었다.

• 不肖 : 부모를 닮지 못하다. 못나다.
• 商均 : 순舜의 아들. 순舜은 그가 어질지 못하다는 것을 알고 우禹에게 천하를 물려주었다.
• 夏禹 : 하夏나라의 우禹 임금.

천자天子의 지위를 물려주어 그 나라를 양여함을 말한 것이다.

유우有虞는 제순帝舜이요, 도당陶唐은 제요帝堯이다. 요의 아들 단주丹朱가 소임을 감당하지 못하여 순에게 양위하였고, 순의 아들 상균商均이 소임을 감당하지 못하여 하夏나라 우禹에게 양위하였으니, 이것이 바로 추위양국推位讓國이다.

CV677

013 **弔民伐罪**는 **周發殷湯**이라

백성을 위로하고 죄인을 트벌한 인물은 주周나라 무왕武王 발發과 은殷나라 탕왕湯王이다.

【훈음】 弔(=吊) 위로할 조 民 백성 민 伐 칠 벌 罪 허물 죄
周 나라이름 주 發 필 발 殷 나라이름 은 湯 끓을 탕

무왕武王, 《만고제회도상萬古際會圖像》

제요帝堯, 《만고제회도상萬古際會圖像》

註解 恤民而慰之曰弔요 聲罪而討之曰伐이라 發은 周武王名이요 湯은 殷王號라 禹之後에 桀無道어늘 湯伐之하시고 湯之後에 紂無道어늘 武王伐之하시니 此卽弔民伐罪也라

【훈음】 恤 구휼할 휼 慰 위로할 위
【어휘】 聲罪 : 죄상罪狀을 세상에 널리 선포하다.
- 桀 : 하夏나라의 마지막 왕. 이름은 이계履癸. '桀'은 많은 사람을 해치고 죽였다는 나쁜 시호諡號.
- 紂 : 은殷나라의 마지막 왕. 이름은 수受. '紂'는 잔인하여 선善을 해쳤다는 나쁜 시호諡號.

- A之曰B : A를 B라 하다

백성을 구휼하여 위로함을 조弔라 하고, 죄를 밝혀 토벌함을 벌伐이라 한다.

발發은 주周나라 무왕武王의 이름이고, 탕湯은 은殷나라 왕의 호칭이다. 우왕禹王의 뒤에 걸왕桀王이 무도하므로 탕왕湯王이 정벌하고, 탕왕의 뒤에 주왕紂王이 무도하므로 무왕武王이 정벌하였으니, 이것이 바로 조민벌죄弔民伐罪이다.

CV678

014 **坐朝問道**하고 〈임금은〉 조정에 앉아 도道를 묻고,

垂拱平章이라 〈직접 일함이 없이〉 옷을 드리우고 두 손을 마주 잡고만 있어도 고르며 밝은 치적治績을 이룬다.

【훈음】 坐 앉을 **좌** 朝 조정 **조** 問 물을 **문** 道 이치 **도**
垂 드리울 **수** 拱 두 손 마주잡을 **공** 平 고를 **평** 章 밝을 **장**

【어휘】 **垂拱** : 옷을 드리우고 두 손을 마주 잡고 있다는 뜻으로, 직접 일을 처리하지 않고도 잘 다스려짐을 말한다.
• **平章** : 고르게 밝히다.

註解 人君爲治之要는 只在恭己而坐朝하여 尊賢問道而已라 書畢命曰 垂拱仰成이라하고 堯典曰 平章百姓이라하니 言恭己尊賢이면 則垂衣拱手하되 而自致均平章明之治也라

【훈음】 治 치적治績 **치**

【어휘】 **人君** : '人之君'(사람의 임금)이라는 뜻이다.

• **只A而已** : 단지 A일 뿐이다

임금이 치적治績을 이루는 요체要諦는 다만 몸을 공손히 하고 조정에 앉아 현자賢者를 존경하고 이치를 물어 논의함에 달려 있을 뿐이다.

《서경書經》〈필명畢命〉에 이르기를 "의상衣裳을 드리우고 두 손을 마주 잡고서 성공하기만을 우러러 바란다." 하였고, 《서경》〈요전堯典〉에 이르기를 "백성을 고루 밝힌다." 하였으니, 몸을 공손히 하고 현자를 존경하면 의상을 드리우고 두 손을 마주 잡고만 있어도 저절로 고르며 밝은 치적을 이루게 됨을 말한 것이다.

CV679

015 **愛育黎首**하고 〈임금은〉 백성을 사랑하여 기르고,

臣伏戎羌이라 〈사방〉 오랑캐들을 신하로 삼아 복종服從시켜야 한다.

【훈음】 愛 사랑할 애 育 기를 육 黎 검을 려 首 머리 수
臣 신하 삼을 신 伏 엎드릴 복 戎 오랑캐 융 羌 종족이름 강

【어휘】 黎 : 민중〔衆〕.

註解 黎首는 猶言黔首니 民也라 民惟邦本이니 人君所當撫愛而養育之也라 戎羌은 皆西戎이로되 而此則總四裔言之也라 人君이 德以懷之하고 威以馭之하면 則咸來臣伏也라

【훈음】 撫 어루만질 무 裔 변방 예 馭 다스릴 어

【어휘】 民惟邦本 : 《서경書經》 〈오자지가五子之歌〉에 보인다.

- A惟B : A는 B이다

여수黎首는 검수黔首란 말과 같으니, 백성이다. 백성은 나라의 근본이니, 임금이 마땅히 어루만져 사랑하고 길러야 한다.

융戎과 강羌은 모두 서쪽의 오랑캐인데, 여기서는 사방의 변방 오랑캐를 총괄하여 말한 것이다. 임금이 덕德으로 그들을 감싸주고 위엄으로 그들을 다스리면, 모두 와서 신하가 되어 복종한다.

CV680

016 遐邇壹體하면 〈백성과 오랑캐의〉 먼 곳 사람들과 〈신하와 중화中華의〉 가까운 사람들을 일체一體로 보면,

率(솔)賓歸王이라 〈교화敎化되어 서로〉 거느리고 와서 복종하여 왕에게 의귀依歸한다.

【훈음】 遐 멀 하 邇 가까울 이 壹(=一) 하나 일 體(=軆) 몸 체
率 거느릴 솔 賓(=賔) 복종할 빈 歸 돌아갈 귀 王 임금 왕

【어휘】 歸王 : "의귀依歸해서 왕으로 삼는다.[王之]"는 '王'을 거성去聲의 의미로 풀이한 것이다. 본문은 '王'이 압운 양운陽韻이므로 명사 '제왕'이어서 "왕에게 의귀한다."로 풀이해야 한다.

註解 自臣工而黎庶와 自中夏而外夷히 無遠無近이 視之如一體也라 德化遠曁하여 如上文所言이면 則人皆相率而賓服하여 莫不歸往而王之矣라

【훈음】 曁 미칠 기

【어휘】 臣工 : 여러 신하와 모든 관원.
- 黎庶 : 여민黎民(百姓).
- 中夏 : 화하華夏. 중국中國.

- 自A而B : A로부터 B까지 ☞ 自A而至B에서 至가 생략되었다.
- 莫不A : A하지 않은 것이 없다 / 모두 A하다

신하[臣工]로부터 백성[黎庶]에 이르기까지, 중화中華(중하中夏)로부터 외방 오랑캐에 이르기까지 멀고 가까움이 없이 보기를 한 몸처럼 한다.

덕화德化가 멀리 미쳐가서 위 글에서 말한 바와 같이 되면, 사람들이 모두 서로 거느리고 와서 복종하여, 의귀해서 왕으로 받들지 않는 자가 없다.

CV681

017 **鳴鳳在樹*** 하고 〈덕화德化로 길조吉鳥인〉 우는 봉황새[훌륭한 선비]는 나무[제자리]에 있고,

白駒食場 이라 〈현인이 타고 온 깨끗한〉 흰 망아지는 마당의 풀을 먹는다.

【훈음】 鳴 울 명 鳳 봉황새 봉 在 있을 재 樹 나무 수
白 흰 백 駒 망아지 구 食 먹을 식 場 마당 장

註解 詩曰 鳳凰鳴矣라 梧桐生矣라하니 蓋鳳非梧桐이면 不棲하고 非竹實이면 不食하니 喩吉士之得所止也라 樹는 唐本에 作竹하니라 詩曰 皎皎白駒가 食我場苗라하니 蓋美賢人之來니 其所乘之白駒가 得以暫息於場而食場中之草也라

【훈음】 梧 오동나무 오 桐 오동나무 동 棲 깃들 서 苗 극식 싹 묘
【어휘】 鳳凰 : 봉황鳳皇으로도 쓴다. 수컷을 '鳳'이라 하고 암컷을 '凰'이라 한다. 통칭하여 '鳳' 혹은 '鳳凰'이라 한다.

• 非A不B : A 아니면 B하지 않다

《시경詩經》《대아大雅 권아卷阿〉에〉 이르기를 "봉황새가 우니, 오동나무가 자란다." 하였다. 봉황은 오동나무가 아니면 깃들지 않고 대나무 열매가 아니면 먹지 않으니, 선인善人(길사吉士)이 머물 곳을 얻음을 비유한 것이다. 수樹는 당븐唐本(중국본中國本)에 죽竹으로 되어 있다. 《시경》《소아小雅 백구白駒〉에〉 이르기를 "깨끗한 흰 망아지가 우리 마당의 곡식 싹을 먹는다." 하였는데, 현인이 찾아옴을 찬미한 것이니, 그가 타고 온 흰 망아지가 잠시 마당에서 쉬면서 마당 가운데의 풀을 먹는 것이다.

재在는 '-에 있다', 유有는 '-이(가) 있다'

위의 '재수在樹'는 '나무에 있다'로 풀이되는데, '재在'에는 '어於'(-에)의 의미가 포함되어 있는 것이다. 두 글자가 같은 곳에 쓰인 예로는 '사생유명死生有命 부귀재천富貴在天'(죽고 사는 것은 천명이 있고 부귀는 하늘에 있다.)(《논어論語》〈안연顔淵〉)이 있다. '유有'는 '무無'(-이/가 없다)와 상대가 되는 글자로, 그 예로는 '유비무환有備無患'(대비함이 있으면 근심이 없다.)(《서경書經》〈열명 중說命中〉)이 있다.

---

* 在樹 : '재죽在竹'으로 쓰인 본도 있다. 봉황은 대나무 열매를 먹기 때문이다. '樹' 대신 '梧' 또는 '桐'으로 대치할 수도 있으나 이들 글자는 평성平聲이어서 피한 것으로 보인다. 압운押韻이 평성 '장場'이기 때문에 윗 구절의 끝 글자는 측성仄聲 '수樹'가 쓰여 평측대응을 이룬 것이다.

CV682

018 **化被草木**하고 〈왕王의〉 덕화德化가 풀과 나무에도 입혀지고,

賴及萬方이라 〈인자하면〉 의뢰함이 모든 곳에 미친다.

【훈음】 化 교화 화 被 입을 피 草 풀 초 木 나무 목
賴 의뢰할 뢰 及 미칠 급 萬 일만 만 方 방면 방

註解 極其中和하여 雨暘時若이면 則草木無知나 而霑被仁化라 詩之美周家曰 周王仁厚하여 澤及草木者가 是也라 如保赤子하여 仁恩覃敷하면 則萬方至廣이나 而罔不永賴라 書之稱夏后曰 烝民乃粒하여 萬方作乂者가 是也라

【훈음】 暘 볕날 양 若 순할 약 霑 젖을 점 覃 넓을 담
烝 많을 증 粒 낟알 립 乂 다스릴 예

【어휘】 雨暘 : 비 오는 날씨와 맑은 날씨.
- 時若 : 사계절이 순조롭다.
- 覃敷 : 널리 퍼지다.
- 夏后 : 하나라 임금인 우왕禹王.

- 罔不A : A하지 않음이 없다/모두 A하다
- 如保赤子 : 《대학大學》〈전傳 9장〉에서 인용하였는데, 《서경書經》〈강고康誥〉의 '약보적자若保赤子'의 '若'을 '如'로 바꾼 것이다.
- 烝民乃粒 萬方作乂 : 《서경書經集傳》〈익직益稷〉에서 인용한 것이다.

그 중화中和를 지극히 하여, 비 오며 맑은 것이 때맞추어 순조로우면 풀과 나무들도 지각知覺이 없으나 인자한 교화를 입게 된다. 《시경詩經》〈대아大雅 행위行葦〉에 주周나라 왕실을 찬미하여 이르기를 "주왕周王이 인자仁慈하고 후덕厚德하여 은택이 초목에까지 미쳤다." 한 것이 이것이다.

갓난아기〔赤子〕를 보호하듯이 백성을 아껴 인덕仁德과 은택이 널리 퍼지면 만국萬國(만방萬方)이 지극히 넓지만 영원히 의뢰하지 않음이 없게 된다. 《서경書經》〈익직益稷〉에 우왕禹王(하우夏后)을 칭찬하여 이르기를 "백성이 미곡米穀을 먹어 모든 나라가 잘 다스려지는 공을 일으켰다." 한 것이 이것이다.

CV683

Ⅱ. 군자가 몸을 닦는 길 君子修身之道

019 **蓋此身髮**은　　무릇 이 몸과 털은

四大五常이라　　네 가지 큰 생육生育 근원과 다섯 가지 일정한 도리가 있다.

【훈음】 葢(=蓋) 대개 개　此 이 차　身 몸 신　髮 털 발
四 넷 사　大 큰 대　五 다섯 오　常 항상 상

註解 蓋此는 猶言凡玆也라 人生於世에 莫不具此身體髮膚로되 而其所以爲人者는 則別有在也라 四大는 天地君親이요 五常은 仁義禮智信이라 人非四大면 無以生이요 非五常이면 無以成이니 是乃人之所以爲人也라

【훈음】 膚 살갗 부
【어휘】 身髮 : '신체발부身體髮膚'의 생략.
- 蓋 : 발어사發語辭. 주해註解에서는 '凡(무릇)'으로 풀이하였으나 우리나라의 관습이다.
- 所以A者 則B也 : A한 까닭은 B이다
- 非A無以B : A아니면 B할 수 없다
- A之所以B也 : A가 B한 까닭이다

개차蓋此는 '무릇 이〔凡玆〕'라는 말과 같다. 사람이 세상에 태어남에 이 신체와 모발毛髮과 피부皮膚를 갖추지 않은 이가 없는데, 사람이 된 까닭〔所以〕은 〈여기에 있지 않고〉 별도로 소재가 있다.

사대四大는 하늘·땅·임금·부모이며, 오상五常은 인仁·의義·예禮·지智·신信이다. 사람은 사대가 아니면 태어날 수가 없고, 오상이 아니면 이룰 수가 없으니, 이것이 바로 사람이 사람으로 되는 까닭인 것이다.

CV685

020 **恭惟鞠養**하면 〈부모께서〉 키워주고 길러주심을 〈자식이〉 공손히 생각하면,

豈敢毁傷이리오 어찌 감히 〈부모께 받은 몸을〉 훼손할까.

【훈음】 恭 공손 **공** 惟 생각할 **유** 鞠 기를 **국** 養 기를 **양**
豈 어찌 **기** 敢 감히 **감** 毁 헐 **훼** 傷 상할 **상**

註解 人之有此身이 莫非父母鞠養之恩이니 爲子者當敬以思之也라 孝經曰 身體髮膚는 受之父母라 不敢毁傷이 孝之始也라하니 苟思父母鞠養之恩하면 則其必不敢毁傷矣리라

사람의 이 몸은 부모께서 길러주신 은혜가 아닌 것이 없으니, 자식이 된 자는 마땅히 공경恭敬히 이것을 생각해야 할 것이다.

《효경孝經》에 이르기를 "신체와 모발毛髮과 피부皮膚는 부모에게 받은 것이니, 감히 훼손〔毁傷〕하지 않는 것이 효도의 시작이다." 하였다. 만일 부모께서 길러주신 은혜를 생각한다면 반드시 감히 몸을 훼상하지 못할 것이다.

CV686

021 女慕貞烈*하고 여자는 〈지조가〉 곧고 〈행실이〉 바름을 사모하고,

男效才良이라 남자는 재주와 지혜, 충성과 선량함을 본받아야 한다.

【훈음】 女 계집 녀 慕 사모할 모 貞 곧을 정 烈 충직할 렬
男 사내 남 效(=効) 본받을 효 才 재주 재 良 어질 량

註解 此下는 言不敢毁傷之道라 女子는 其志貞하고 其行烈然後에 可以不辱其身이라 故有如此者면 則必慕之也라 男子는 才智優하고 忠良著然後에 可以成立이라 故有如此者면 則必效之也라 知此二句면 則可以事親矣리라

【훈음】 辱 욕될 욕 優 넉넉할 우

이 이하는 감히 몸을 훼상하지 않는 도道를 말한 것이다. 여자는 지조가 곧고 행실이 바르고 충직한 뒤에야 몸을 욕되지 않게 할 수 있다. 그러그로 이렇게 하는 자가 있으면 반드시 그를 사모한다.

남자는 재주의 지혜가 뛰어나고 충성과 선량함이 드러난 뒤에야 성취할 수 있다. 그러므로 이렇게 하는 자가 있으면 반드시 그를 본받는다. 이 드 글귀를 알면 어버이를 섬길 수 있을 것이다.

---

* 烈 : 《천자문석의千字文釋義》에는 '烈'이 '潔'(깨끗할 결)로 되어 있다. 원래 '絜'(깨끗할 결)로 쓰인 것인데, 바뀌었다는 것이다. '女慕貞絜'과 '紈扇圓潔'의 '絜·潔' 두 글자는 글자가 다르면서 뜻이 같다. '烈'로 쓰인 본은 원래 '絜'이었는데 '烈'로 바뀐 것이다. '絜·潔'은 음의音義가 같은 동자이형同字異形의 고금자古今字이므로 동자同字로 처리해야 할 것이다.

CV687

022 **知過必改**하고　허물을 알면 반드시 고치고,

得能莫忘하라　능함을 얻으면 잊지 말라.

【훈음】 知 알 지　過 허물 과　必 반드시 필　改 고칠 개
得 얻을 득　能 능할 능　莫 말 막　忘(=㤀) 잊을 망

註解 仲由는 喜聞過하여 人有告之以過則喜하니 其聞知而必改之니 可爲百世師也라 論語曰 月無忘其所能이 是也라 能而無忘하면 則得愈堅而不失하리니 知此二句면 則可以進學矣리라

【훈음】 師 스승 사　愈 더욱 유
【어휘】 仲由 : 공자孔子의 제자. 자字는 자로子路·계로季路. 공자보다 9세가 적다.

• 仲由……可爲百世師也 : 《맹자孟子》 〈공손추 상公孫丑上〉의 '子路人告之以有過則喜'와 그 집주集註의 '喜其得聞而改之'와 '仲由喜聞過……亦可謂百世之師矣'에서 유래한 것이다.

중유仲由는 잘못을 듣기를 좋아하여 남이 잘못을 말해주면 기뻐하였다. 그는 잘못을 듣고 알면 반드시 고쳤으니, 백대百代의 스승이 될 수 있다.

《논어論語》 《자장子張》에〉 이르기를 "달마다 그 능함을 잊지 않는다."고 한 것이 이것이다. 능하면서 잊지 않는다면 터득함이 더욱 견고하여 잃지 않을 것이다. 이 두 글귀를 알면 학문에 나아갈 수 있다.

CV688

023 **罔談彼短**하고 상대방의 단점을 말하지 말고,

靡恃己長하라 자기의 장점을 믿지 말라.

【훈음】 罔 말 망 談 말할 담 彼 상대방 피 短 잘못 단
靡 말 미 恃 믿을 시 己 자기 기 長 능할 장

註解 君子急於自修라 故不暇點檢人之長短也라 孟子曰 言人之不善하다가 其如後患何오하니 所當體念이니라 己有長이라도 不可自恃니 恃則無所進益이라 書曰 有厥善이면 喪厥善이라하니 最宜警省이라 知此二句면 則可以修己矣리라

【훈음】 患 근심 환 厥 그 궐
【어휘】 點檢 : 논평하다.
• 念 : 깊이 헤아리다.〔體諒〕
• 如A何 : A를 어찌하겠는가? ☞ 如後患何 : '後患如何'가 바뀐 모습으로 '如~何'는 '如何' 같이 '어찌할까'로 풀이한다.

군자君子는 스스로 수련하기에 급하기 때문에 남의 장점과 단점을 논평할 겨를이 없다. 《맹자孟子》〈이루 하離婁下〉에 말하기를 "남의 착하지 않음을 말하다가 그 후환을 어찌하겠는가!" 하였으니, 마땅히 유념하여야 할 것이다.

자신이 장점을 가졌더라도 스스로 믿어서는 안 되니, 믿으면 진전하는 바가 없다. 《서경書經》〈열명 중說命中〉에 이르기를 "그 장점을 가졌다고 생각하면 그 장점을 잃는다." 하였으니, 가장 경계하고 살펴야 할 일이다. 이 두 글귀를 알면 자기 자신을 수련할 수 있다.

CV689

024 **信使可覆**이요 약속은 실천할 수 있게 하고,
器欲難量이라 기량器量은 〈하늘·땅과 같이〉 헤아리기 어렵도록 〈크게〉 하고자 하라.

【훈음】 信 약속할 **신** 使 하여금 **사** 可 할 수 있을 **가** 覆(≒復) 실천할 **복**
器 기량 **기** 欲 하고자할 **욕** 難 어려울 **난** 量 헤아릴 **량**

註解 有子曰 信近於義면 言可復也라하니 言約信而其事合宜면 則其言可踐也라 器有大小하니 斗筲는 固無論이요 江河亦有涯하니 必與天地同然後에 難於測量이라 知此二句면 則可以應物矣리라

【훈음】 復 실천할 **복** 踐 밟을 **천** 筲 한 말 두 되 들이 바구니 **소** 涯 물가 **애**
【어휘】 斗筲 : 1말(斗) 쯤 되는 작은 기량.
• 合宜 : 적절함.

• **與AB** : A와 B하다

《논어論語》 〈학이學而〉에서〉 유자有子(유약有若)가 말하기를 "약속이 옳음에 가까우면 약속한 말을 실천할 수 있다." 하였으니, 약속을 하고서 그 일이 적절하면 약속한 말을 실천할 수 있음을 말한 것이다.

그릇에는 크고 작음이 있으니, 두斗와 소筲는 진실로 말할 것이 없고, 장강長江과 황하黃河 또한 끝이 있다. 〈사람의 기국器局은〉 반드시 천지와 같게 한 뒤에야 측량하기 어렵게 되는 것이다. 이 두 글귀를 알면 사물에 대응할 수 있다.

유자有子, 《지성선현반신상至聖先賢半身像》

CV690

025 **墨悲絲染**하고 묵자墨子는 〈마음의 나빠짐이〉 실이 〈검게〉 물드는 듯 함을 슬퍼하였고,

詩讚羔羊이라 《시경詩經》에서는 〈절검節儉과 정직正直을 읊은〉 〈고양羔羊〉편을 찬미하였다.

【훈음】 墨 먹 묵 悲 슬플 비 絲 실 사 染 물들일 염
詩 시 시 讚 칭찬할 찬 羔 새끼 양 고 羊 양 양

註解 墨은 墨翟也라 翟은 見染絲而悲하니 謂人性本善이로되 誘於習染하여 而爲不善이 如絲本白而今黑하여 不可復白也라 羔羊은 詩召南篇名이니 美南國大夫被文王化而節儉正直이라 此二句는 言人性易移하여 可惡可善也라

【훈음】 翟 꿩 적 誘 이끌릴 유 節 아낄 절 易 쉬울 이

【어휘】 墨翟 : 묵자墨子. 전국 시대戰國時代의 노魯나라 철학자. 묵가墨家의 시조. 겸애설兼愛說을 주장하였다.

- 見A : A되다
- A於B : B에 A되다
- 可A可B : A할 수도 B할 수도 있다

묵墨은 묵적墨翟이다. 묵적은 실을 물들이는 것을 보고 슬퍼하였으니, 사람의 본성은 본래 착하지만 습관과 물든 것에 이끌려 착하지 않은 일을 하는 것이, 마치 실이 본래 희지만 지금 검어져서 다시 희어질 수 없음과 같음을 말한 것이다.

〈고양羔羊〉은 《시경詩經》 〈소남召南〉의 편명이니, 남국南國의 대부大夫가 문왕文王의 교화를 입어 절검節儉하고 정직함을 찬미한 것이다. 이 두 글귀는 인성人性은 바뀌기 쉬워 악해질 수도 있고 착해질 수도 있음을 말한 것이다.

CV691

026 **景行維賢**하고 대도大道를 행하면 현자賢者가 되고,

克念作聖이라 능히 생각하면 성인聖人이 된다.

【훈음】 景 클 **경** 行 행할 **행** 維 어조사 **유** 賢(=賢) 어진이 **현**
克(=剋) 능히 **극** 念 생각할 **념** 作 지을 **작** 聖 성인 **성**

註解 詩曰 高山仰止하고 景行行止라하니 言知大道之可由면 則可以爲賢也라 書曰 維聖도 罔念이면 作狂이요 維狂도 克念이면 作聖이라하니 言聖狂之分이 只係一念也라

【훈음】 止 어조사 **지** 罔 없을 **망** 狂 미치광이 **광**
【어휘】 景行 : 큰 도리. 큰 길.

• 行 : '景行行止'에 두 번 쓰였는데, 윗 글자는 '길', 아랫 글자는 '가다'의 뜻이다.

《시경詩經》〈거할車舝편〉에 이르기를 "높은 산을 우러러보고 대도大道를 행한다." 하였으니, 대도를 행하여야 함을 알면 현자가 될 수 있음을 말한 것이다.

《서경書經》〈다방多方편〉에 이르기를 "성인聖人도 생각하지 않으면 미치광이가 되고, 미치광이도 능히 생각하면 성인이 된다." 하였으니, 성인과 미치광이의 구분이 다만 한 번 생각함에 달렸음을 말한 것이다.

CV692

027 **德建名立**하고　공덕功德이 서면 명예名譽가 확립되고,

形端表正이라　네 몸이 바르면 〈감히 바르지 않게 하는 이가 없고〉, 의표儀表가 바르면 〈누가 감히 바르지 않게 하겠는가.〉

【훈음】 德(=悳) 덕 **덕**　建 세울 **건**　名 명예 **명**　立 설 **립**
形 몸 **형**　端 바를 **단**　表 의표儀表 **표**　正 바를 **정**

【어휘】 形端表正 : '形端(則影端) 表正(則影正)'으로 '( )' 부분은 보충되는 구문이다.

註解 德은 實也요 名은 實之賓也니 實之所在에 名自隨之也라 形端則影端이요 表正則影正이라 書曰 爾身克正이면 罔敢不正이라하고 孔子曰 子帥以正이면 孰敢不正이리오하시니 正謂此也라

【훈음】 隨 따를 **수**　影 그림자 **영**　帥 이끌 **솔**　孰 누구 **숙**

- 孰A不B : 누가 A하지 않겠는가?

공덕은 실제〔實〕이고 명예는 실제의 허울〔賓〕이니, 실제가 있는 곳에는 명예가 저절로 따른다.

몸이 바르면 그림자도 바르고, 의표儀表가 똑바르면 그림자도 똑바르다. 《서경書經》〈군아君牙〉편에〉 이르기를 "네 몸이 능히 바르면 감히 바르지 않게 하는 이가 없다." 하였고, 《논어論語》〈안연顔淵〉편에서〉 공자孔子가 말하기를 "그대가 올바름으로 솔선수범하면 누가 감히 바르지 않게 하겠는가." 하였으니, 바로 이것을 말한 것이다.

CV693

028 **空谷傳聲**하고 빈 골짜기에 〈사람이 있으면〉 소리가 〈메아리쳐 호응해〉 전해지고,

虛堂習聽하니라 빈집에 〈사람 소리가 있으면〉 들음이 〈울려서〉 반복된다.

【훈음】 空 빌 공 谷 골 곡 傳 전할 전 聲 소리 성
虛 빌 허 堂 집 당 習 거듭할 습 聽 들을 청

註解 人在空谷에 有聲則谷自響應하여 而傳其聲하나니라 上言影之隨形하고 此言響之隨聲하니 蓋一義也라 虛堂有聲이면 亦可習聽이니 堂之有弦은 猶谷之有谹也라 易曰 出其言善이면 則千里之外應之라하니 卽此理也라

【훈음】 響 울릴 향 弦 집 울릴 횡 谹 골 울릴 횡

사람이 빈 골짜기에 있을 때에 소리가 있으면 골짜기에서 스스로 메아리쳐 호응하여 그 소리가 전해진다. 위에서는 그림자가 몸을 따름을 말하였고, 여기서는 메아리가 소리를 따름을 말하였으니, 〈근본이 바르면 영향도 바르게 된다는〉 같은 뜻이다.

빈집에 소리가 있으면 또한 소리가 울려서 중복될 수 있으니, 집이 울림이 있는 것은 골짜기가 울림이 있는 것과 같다. 《주역周易》〈《계사전繫辭傳》에〉 이르기를 "그 말을 내는 것이 착하면 천리千里 밖에서도 호응한다." 하였으니, 바로 이러한 이치이다.

CV694

029 禍因惡積이요 재앙災殃은 악행惡行의 쌓임에 기인하고,

福緣善慶이라 복은 선행善行의 경사慶事에 인연한다.

【훈음】 禍 재앙 화 因 인할 인 惡(=悪) 악할 악 積 쌓을 적
福 복 복 緣 인연 연 善 착할 선 慶 경사 경

註解 召禍者는 蓋因平日之積惡이라 獲福者는 寔緣積善之餘慶이라 孟子曰 禍福이 無不自己求之라하니 禍福之隨善惡은 猶影響之隨形聲也라

【훈음】 獲 얻을 획 寔 진실로 식
【어휘】 餘慶 : 선조가 선행을 많이 한 보답으로 자손들이 받는 복.

화를 불러들이는 것은 평소 악행을 쌓은 것에 기인한다.

복을 얻는 것은 실로 선행을 쌓고 남은 경사에 인연한 것이다. 《맹자孟子》 〈공손추 상公孫丑上〉에서〉 맹자가 말하기를 "화와 복은 자기로부터 구하지 않는 것이 없다." 하였으니, 화와 복이 선행과 악행을 따름은 마치 그림자와 메아리가 형체와 소리를 따름과 같은 것이다.

맹자孟子, 만고제회도상

CV695

030 **尺壁非寶**요　한 자[尺]의 구슬이 보배가 아니고,

寸陰是競하라　한 치의 짧은 시간(寸陰)을 〈아껴〉 다투어야 한다.

【훈음】 尺 자 척　璧 구슬 벽　非 아닐 비　寶 보배 보
寸 마디 촌　陰 그늘 음　是 어조사 시　競(=競) 다툴 경

【어휘】 寸陰 : 해 그림자가 1치를 옮겨가는 시간. 매우 짧은 시간을 형용한다. 더 짧은 시간으로는 '寸陰의 1/10'인 분음分陰이 있다.

- **A是B** : A를 B하다 ☞ '寸陰是競'의 '是'는 목적어를 술어 앞으로 도치하여 강조시키는 조사. '寸陰是競'은 '競寸陰'이 정치 구문인데, '寸陰'을 '是' 앞에 놓아 강조한 것이다.

註解 寶玉이 其長盈尺이면 則可謂至寶로되 而此猶未足爲寶요 別有可寶者存焉이니라 禹惜寸陰하시니 日晷移寸은 人所忽也로되 而聖人惜之하시니 蓋任重道遠하여 惟日不足故也니라

【훈음】 惜 아낄 석　晷 해 그림자 구

【어휘】 焉 : '그것에서', '거기에서'를 나타내는 조사. '어시於是', '어지於之'의 의미이다.

- **任重道遠** : 《논어論語》 〈태백泰伯〉의 '任重而道遠'에서 온 말이다.

보배로운 옥玉이 그 길이가 한 자나 된다면 지극한 보배라고 말할 수 있지만, 이것도 오히려 아직 보배가 되기에 충분하지 못하고, 별도로 보배로 삼을 수 있는 것이 존재한다.

우왕禹王은 한 치의 광음光陰(짧은 시간)을 아꼈으니, 햇빛이 한 치쯤 옮겨가는 시간은 사람들이 소홀히 여기지만 성인은 이를 아꼈다. 이는 임무가 무겁고 길이 멀어 시일을 부족하게 여겼기 때문이다.

부정의 '비非 · 불不 · 미未'

'非'는 명사를 부정하여 '~가 아니다'로 풀이한다. '不·未'는 모두 동사·형용사를 부정하여 '~하지 않다'로 풀이한다. '未'는 시간·정도가 '아직 ~하지 않다'이고, '不'은 시간·정도의 의식이 없이 부정하는 것이다. '未足'은 '아직 충분하지 않다'로 '不足'은 '충분하지 않다'로 풀이된다.

CV696

031 資父事君하니 부모 섬김의 〈효孝를〉 바탕으로 하여 임금을 〈충忠으로〉 섬기니,

曰嚴與敬이라 〈그 골자骨子는〉 엄숙함과 공경함이다.

【훈음】 資 바탕 자 父 아버지 부 事 섬길 사 君 임금 군
曰 어조사 왈 嚴 엄할 엄 與 더불 여 敬 공경할 경

【어휘】 曰 : 조사助詞. 글귀 앞에 사용한다.

註解 孝經曰 資於事父하여 以事君이라하니 言推事父之道하여 以事君也라 事父之孝와 事君之忠이 各有攸當하니 竝著下文이어니와 而若其嚴莊敬恭之體는 則事父事君이 本自一致也라

【훈음】 攸 바 유 竝(=並) 아우를 병

【어휘】 本自 : 본래부터. 줄곧.

《효경孝經》에 이르기를 "부모를 섬기는 것에 바탕하여 임금을 섬긴다." 하였으니, 부모를 섬기는 도리를 미루어나가 임금을 섬기는 것을 말한다.

부모를 섬기는 효孝와 임금을 섬기는 충忠은 각기 마땅한 바가 있으니, 모두 아랫글에 나타나 있다. 그러나 엄장嚴莊하고 공경敬恭하는 골자와 같은 것은 부모를 섬기는 것과 임금을 섬기는 것은 본래부터 한 가지 이치인 것이다.

CV697

032 **孝當竭力**하고 〈부모에게〉 효도는 마땅히 힘을 다해야 하고,

忠則盡命이라 〈임금에게〉 충성은 목숨을 다해야 한다.

【훈음】 孝 효도 **효** 當 마땅할 **당** 竭 다할 **갈** 力 힘 **력**
忠 충성 **충** 則 어조사 **즉** 盡 다할 **진** 命 목숨 **명**

註解 竭力은 謂竭盡其力而不懈니 子夏所謂事父母하되 能竭其力이 是也라 盡命은 謂殞喪其身而不辭니 子夏所謂事君하되 能致其身이 是也라

【훈음】 懈 게으를 **해** 殞 죽을 **운** 辭 사양할 **사** 致 바칠 **치**
【어휘】 子夏 : 공자의 제자. 성은 복卜, 이름은 상商. 문학에 뛰어났다.
• 殞喪 : 죽다.

갈력竭力은 그 힘을 다하여 게을리하지 않음을 이르니, 《논어論語》 〈학이學而〉에서〉 자하子夏가 말한바 "부모를 섬기되 그 힘을 다한다."는 것이 이것이다.

진명盡命은 그 몸을 죽이더라도 사양하지 않음을 이르니, 《논어》 〈학이〉에서〉 자하가 말한바 "군주를 섬기되 능히 그 몸을 바친다."는 것이 이것이다.

CV698

033 臨深履薄하고 〈몸을 훼상하지 않는 방도는〉 깊은 연못에 임한 듯이 살얼음을 밟는 듯이 조심하고,

夙興溫凊하라 〈부모님을 섬김은〉 일찍 일어나 〈부모님이〉 더우신지 시원하신지 살핀다.

【훈음】 臨 임할 림 深(=滐) 깊을 심 履(=履) 밟을 리 薄 얇을 박
夙 일찍 숙 興 일어날 흥 溫(=温) 따뜻할 온 凊 서늘할 청

【어휘】 冬溫夏凊 : 겨울에는 부모의 이부자리를 체온으로 따뜻하게 하고, 여름에는 부채질로 시원하게 한다. 진晉나라 왕연王延의 고사.

註解 曾子臨終에 曰 詩云 如臨深淵하며 如履薄冰이라하니 而今而後에 吾知免夫라하니 此上文所謂不敢毁傷之道也라 詩曰 夙興夜寐라하고 禮曰 冬溫夏凊이라하니 是則事親之疏節也라 此二句는 專言孝하니 孝則忠可移於君故也라

【훈음】 終 죽을 종 淵 못 연 夙 일찍 숙 寐 잘 매 疏 성길 소

【어휘】 而今而後 吾知免夫 : 주자朱子는 "장차 죽음에 이른 뒤에야 이 몸을 훼상할까 하는 근심에서 벗어날 수 있음을 알겠다."라고 풀이하였다.(《논어집주論語集註》〈태백泰伯〉)
• 疏節 : 소략한 예절.

《논어論語》〈태백泰伯〉에서〉 증자曾子가 임종臨終할 때에 말하기를 "《시경詩經》〈소아小雅 소민小旻〉에〉 '깊은 연못에 임한 듯이 하고 살얼음을 밟는 듯이 하라.' 하였으니, 지금 이후에야 나는 〈몸을 훼손할까 하는 우려에서〉 면한 것을 알겠구나." 하였다. 이것은 위 글에서 말한 '감히 훼상하지 않는다.'는 도리이다.

《시경詩經》〈위풍衛風 맹氓〉에〉 "일찍 일어나고 밤늦게 자라." 하였고, 《예기禮記》〈곡례상曲禮上〉에〉 "겨울에는 따뜻하게 해 드리고 여름에는 시원하게 해 드려라." 하였으니, 이는 어버이를 섬기는 소략한 예절이다. 이 두 글귀는 오로지 효孝를 말하였으니, 효하면 충忠을 군주에게 옮겨 행할 수 있기 때문이다.

CV699

034 **似蘭斯馨**하고 〈군자의 지조는〉 난초의 향기와 같고,

如松之盛이라 〈군자의 절개는〉 소나무의 무성함과 같아야 한다.

【훈음】 似 같을 사 蘭 난초 란 斯 어조사 사 馨 향기 형
如 같을 여 松 소나무 송 之 어조사 지 盛 성할 성

• **斯** : 조사助詞. '지之'에 상당한다.《漢語大字典》 따라서 '之'의 '~의'로 국역된다.

註解 蘭之爲艸는 處幽谷而孤馨하니 以喩君子之志操閒遠也라 松之爲木은 傲霜雪而獨茂하니 以喩君子之氣節磊落也라

【훈음】 艸(=草) 풀 초 幽 깊을 유 馨 향기 형 操 지조 조 傲 업신여길 오 磊 뛰어날 뢰
【어휘】 **磊落** : 우뚝하다.

• **蘭之爲艸 處幽谷而孤馨** : 《가어家語》〈재액在厄〉에서 유래한 것이다.
• **以A** : A한 것 ☞ 以는 所以와 같다.

난초는 깊은 골짜기에 있으면서 홀로 향기를 피우니, 군자의 지조가 여유롭고 그윽함을 비유한 것이다.

소나무는 서리와 눈을 업신여기며 홀로 무성하니, 군자의 기개가 우뚝함을 비유한 것이다.

사似 · 여如 · 동同

사似 · 여如는 '비슷하다, …처럼 한다'는 뜻이고, 동同은 '똑같다'는 뜻이다. 위의 '似蘭斯馨'은 '…향기와 같이(처럼)한다'이고, '如松之盛'은 '…무성함과 같이(처럼)한다'이어서 완전히 똑같은 것은 아니다. 동同은 '본적'을 쓴 다음에 현주소가 동일함을 쓸 경우 '상동上同'이라고 하는데, 이 동同은 '비슷하다'가 아니라 '완전히 똑같다'는 뜻이다.

CV700

035 **川流不息**하고 〈노력은〉 냇물이 흘러 쉬지 않고,

淵澄取暎이라 〈견해는〉 못 물이 맑아 비침을 취하듯이 해야 한다.

【훈음】 川 내 천 流 흐를 류 不 아니 불 息 쉴 식
淵 못 연 澄 맑을 징 取 취할 취 暎(=映) 비칠 영

• 川流不息 : 《논어論語》 〈자한子罕〉에서 유래한 것이다.

註解 水之逝者爲川이니 其流日夜不息하니 以喻君子乾惕不已也라 水之停者爲淵이니 其澄足以取映하니 以喻君子獨觀昭曠也라

【훈음】 逝 갈 서 惕 두려워할 척 停 그칠 정 曠 밝을 광

【어휘】 乾惕 : 《주역周易》 〈건괘乾卦〉 구삼九三의 "저녁까지 삼가 두려워한다.〔夕惕若〕"에서 유래한 것이다.

• 昭曠 : 밝고 활달함.

• A之B者 : A중에 B한 것/B한 A

물이 흘러가는 것을 내라 하는데, 그 흐름이 밤낮으로 쉬지 않으니, 군자가 힘쓰고 두려워하여 그치지 않음을 비유한 것이다.

물이 고여 있는 것을 못이라 하는데, 그 맑음이 충분히 비추어낼 수 있으니, 군자가 홀로 보는 것이 밝으며 활달함을 비유한 것이다.

CV701

036 容止若思하고 용모와 행동거지는 〈엄숙히 하여〉 생각하는 듯이 하고,
言辭安定이라 말은 〈자세하고〉 안정되어야 한다.

【훈음】 容 얼굴 용 止 그칠 지 若 같을 약 思 생각할 사
言 말 언 辭(=辤) 말 사 安 편안할 안 定 정할 정

註解 容止는 欲其儼然若思니 曲禮所謂儼若思가 是也라 言辭는 欲其詳審安定이니 曲禮所謂安定辭가 是也라

【훈음】 儼(≒嚴) 엄숙할 엄 詳 자세할 상

용모와 행동거지는 엄숙하여 생각하는 듯이 하고자 해야 하니, 《예기禮記》 〈곡례 상曲禮上〉에 이른바 "엄숙히 생각하는 듯이 하라."라고 한 것이 이것이다.

말은 자세하고 안정되게 하고자 해야 하니, 《예기》 〈곡례 상〉에 이른바 "말을 안정되게 하라."라고 한 것이 이것이다.

037 篤初誠美하고 시작을 독실하게 함이 진실로 아름답고,
愼終宜令이라 마무리를 신중히 하여 마땅히 아름답게 해야 한다.

【훈음】 篤 도타울 독 初 처음 초 誠 정성 성 美 아름다울 미
愼(=昚) 삼갈 신 終 마지막 종 宜 마땅할 의 令 착할 령

註解 人能篤厚於始면 則誠爲美矣로되 而猶未也요 必克愼其終이라야 乃爲盡善이니 詩曰 靡不有初나 鮮克有終이 卽此意也라

【훈음】 靡 아닐 미 鮮 적을 선

• **靡不A** : A하지 않음이 없다/모두 A하다

사람이 시작에 독실하고 근후謹厚하면 참으로 아름다우나 그래도 아직 부족하고, 반드시 그 마침을 신중히 해야 지극히 훌륭한 것이 되니, 《시경詩經》 〈대아大雅 탕蕩〉에 "처음엔 모두 다 선하였지만, 끝까지 〈잘한〉 사람은 적다."라고 한 것이 바로 이 뜻이다.

CV702

038 **榮業所基**요 〈임금을 섬기는〉 영화로운 사업은 〈'자부사군資父事君' 이하의 일이〉 기본이 되는 것이고,

籍甚無竟이라 〈기본이 되는 것이 있으면〉 명예가 많아 성대하여 끝이 없게 된다.

【훈음】 榮 영화로울 **영** 業 일 **업** 所 것 **소** 基 터 **기**
籍(≒藉) 많을 **적** 甚 심할 **심** 無 없을 **무** 竟 마침 **경**

【어휘】 籍 : 어느 본에는 '자藉'(많을 자 · 적)로 되어 있다. '籍'·'藉'은 '자 · 적' 양음兩音이다.
• 籍甚 : 성대히 많다. 낭자狼藉. 자자藉藉.

註解 榮業은 卽榮耀事業이니 其所基本은 卽資父事君以下事也라 人能修業하여 而有所基本이면 則聲譽籍甚하여 殆無終極也라

【훈음】 耀 빛날 **요** 譽 기릴 **예**
【어휘】 聲譽 : 명예.

영업榮業은 바로 영화롭고 빛나는 일이니, 그 기본이 되는 것은 바로 자부사군資父事君 이하의 일이다.

사람이 능히 일을 강구하여 기본이 되는 것이 있으면, 명성이 많아 성대하여 거의 끝이 없게 된다.

CV704

039 **學優登仕**하여 배우고서 여유가 있으면 벼슬에 올라서,
攝職從政이라 직무를 맡아 정무政務에 종사한다.

【훈음】 學 배울 학 優 넉넉할 우 登 오를 등 仕 벼슬 사
攝 맡을 섭 職 벼슬 직 從 나아갈[就] 종 政 정사 정

註解 子夏曰 學而優則仕라하니 蓋學有餘力而仕면 則驗其學者益廣也라 學優則可以攝官守之職하여 從國家之政이니 如子路之果와 子貢之達과 冉有之藝를 夫子皆許從政也하시니라

【훈음】 驗 증명할 험 許 인정할 허

【어휘】 子路 : 공자의 제자. 성은 중仲, 이름은 유由, 자字는 '자로子路'. 공자는 "중유는 과감〔果〕하니, 정무에 종사하는 데에 무슨 어려움이 있겠는가." 하였다.《논어論語》〈옹야雍也〉

- 子貢 : 공자의 제자. 성은 단목端木, 이름은 사賜, 자는 '자공子貢'. 공자는 "단목사는 통달〔達〕하였으니, 정무에 종사하는 데에 무슨 어려움이 있겠는가." 하였다.《논어》〈옹야〉
- 冉有 : 공자의 제자. 이름은 구求, 자는 '자유子有'. 공자는 "염구는 재주〔藝〕가 있으니, 정무에 종사하는 데에 무슨 어려움이 있겠는가." 하였다.《논어》〈옹야〉

《논어論語》〈자장子張〉편에서〉 자하子夏가 말하기를 "배우고서 여유가 있으면 벼슬한다." 하였으니, 배우고서 여가〔餘力〕가 있어 벼슬하면 그 배운 것을 징험함이 더욱 넓을 것이다.

배우고서 여유가 있으면 맡은 관직〔官守〕의 직무를 다루어 국가의 정사에 종사할 수 있으니, 예컨대 자로의 과단성, 자공子貢의 통달함, 염유의 재주를 부자夫子(공자孔子)께서 모두 정사에 종사할 수 있다고 인정〔許與〕하신 것과 같다.

자하子夏, 성현상찬

CV705

040 **存以甘棠**하니 〈주周나라 소공召公이〉 감당甘棠나무 아래에 머무니,
去而益詠이라 떠나가도 〈백성들이〉 더욱 〈공덕功德을〉 노래하였다.

【훈음】 存 있을 존 以 어조사 이 甘 달 감 棠 팥배나무 당
去 갈 거 而 그러나 이 益 더욱 익 詠(=咏) 읊을 영

【어휘】 以 : 개사介詞. '재在', '어於'의 뜻으로, '~에', '~에서'로 번역된다.(《漢語大詞典》)

註解 周召公奭이 在南國之日에 止舍於甘棠之下하니 南國之人이 無不從其敎化焉하니라 及其去也에 則民益思慕하여 作甘棠詩하여 曰 蔽芾甘棠을 勿翦勿伐이어다 召伯所茇이라하니 可見其澤之入人이 深也라

【어휘】 蔽芾 : 성대한 모양.
• 茇 : 초가草家. 그 아래에 머물며 초가와 비슷한 것을 지었을 뿐이니, 실제로 초가를 지은 것은 아니다.

• **及其A也則** : 그가 A했을 때

주周나라 소공召公 희석姬奭이 남쪽 제후국諸侯國에 있을 때에 감당나무 아래에 머물렀더니, 남쪽 제후국의 사람들이 그 교화를 따르지 않는 이가 없었다.

그가 떠나가고 나서, 백성들이 더욱 그를 사모하여 〈감당〉시를 지어 "무성한 감당나무를 베지 말고 치지 말라. 소백召伯(소공召公)께서 초막草幕으로 삼으셨던 곳이다." 하였으니, 그 은택이 사람들에게 들어간 것이 깊음을 알 수 있다.

소공召公 석奭

주周나라 문왕文王의 서자庶子. 이름은 석奭. 성왕成王 때에 삼공三公이 되어 섬陝 서쪽의 땅을 다스렸다. 일찍이 남방을 순행巡行하다가 감당나무 아래에 머문 적이 있었는데, 그가 떠나간 뒤에 백성들이 그의 덕을 추모하고 그 나무를 아껴 노래를 지은 것이 《시경詩經》 〈소남召南 감당甘棠〉편이다. 소召를 식읍食邑으로 받고 제후諸侯의 우두머리로서 방백方伯이 되었기 때문에 소백召伯이라고 하였다.

'陝'은 역사적으로 매우 중요한 의미를 지니는 곳으로, 《춘추공양전春秋公羊傳》 은공隱公 5년에 "'陝' 동쪽은 주공이 관할하고, '陝' 서쪽은 소공이 관할한다." 하였다. 오늘날 하남성河南省 섬현陝縣 지역이고, 더 큰 지역으로 서안西安이 속한 섬서성도 이 지명에서 유래된 것이다.

CV706

041 **樂殊貴賤**하고 음악은 〈신분에 따라〉 귀하고 천함이 다르고,

禮別尊卑라 예절은 〈처지에 따라〉 높고 낮음이 구별된다.

【훈음】 樂 풍류 악 殊 다를 수 貴 귀할 귀 賤 천할 천
禮 예도 례 別 다를 별 尊 높을 존 卑 낮을 비

註解 樂有等威하니 如天子八佾과 諸侯六佾과 大夫四佾과 士庶人二佾之屬이니 此는 貴賤之殊也라 先王制五禮하여 朝廷有君臣之儀하고 家庭有父子之倫하여 以至夫婦長幼朋友之屬하여도 皆有尊卑之別하니라

【훈음】 佾 춤추는 대열 일
【어휘】 等威 : 등급과 위의.
- 八佾 : 가로 세로 8줄로 모두 64명이 추는 춤. 천자가 사용하는 무용 격식. 일佾은 춤의 대열〔舞列〕이다.
- 五禮 : 길례吉禮, 흉례凶禮, 군례軍禮, 빈례賓禮, 가례嘉禮.

음악은 등급과 위의가 있어서, 천자는 8일佾, 제후는 6일, 대부는 4일, 사·서인은 2일과 같은 따위이니, 이는 귀함과 천함의 다름이다.

선왕先王이 5례禮를 제정하여 조정에는 임금과 신하의 의식이 있고 가정에는 부모와 자식의 윤리가 있어서, 부부·장유·붕우의 등속에 이르기까지 모두 높음과 낮음의 구별이 있다.

팔일八佾

천자가 사용하는 무용 격식으로 '일佾'은 춤의 대열〔舞列〕이다. "'佾'마다 인원수는 그 '佾'의 수효와 같이 한다.〔每佾人數如其佾數〕"고 하여 제곱 개념으로 설명하고, 혹은 "'佾'마다 8인이다.〔或曰每佾八人〕"라고 고정 인원수로 설명하였다.

천자의 경우는 어느 경우나 8줄×8인이므로 64인으로 동일하지만, 제후의 경우는 6줄×6인의 36인과 6줄×8인의 48인의 차이를 보인다. 이하 대부는 16인과 32인, 사는 4인과 16인의 차이를 보인다. -《論語集註》〈八佾〉

CV707

042 **上和下睦**하고 위에서 〈사랑으로〉 화합하며 아래에서 〈공손으로〉 화목하고,

夫唱婦隨라 남편은 인도하고 부인은 따른다.

【훈음】 上 위 상 和(=龢·咊) 화목할 화 下 아래 하 睦 화목할 목
夫 남편 부 唱(=倡) 인도할 창 婦 아내 부 隨 따를 수

註解 在上者愛而有敎曰和요 在下者恭而盡禮曰睦이니 父慈子孝兄愛弟敬之類가 是也라 夫以剛義而倡之하고 婦以柔順而隨之니라

【훈음】 剛 굳셀 강 隨 따를 수

위에 있는 이가 사랑하여 가르쳐줌을 화和라 하고, 아래에 있는 이가 공손하여 예의를 다함을 목睦이라 하니, 아버지는 자애하고 아들은 효도하며, 형은 사랑하고 아우는 공경하는 따위가 이것이다.

남편은 강함과 옳음으로 인도하고, 부인은 유순함으로 따른다.

CV708

043 **外受傅訓**하고 〈남자는〉 밖으로 스승의 가르침을 받고,

入奉母儀라 〈여자는〉 안으로 어머니의 법도를 받든다.

【훈음】 外 밖 외 受 받을 수 傅 스승 부 訓 가르칠 훈
入 들 입 奉 받들 봉 母 어미 모 儀 법도 의

註解 男子十秊이면 出就外傅而學焉이라 故曰 外受傅訓이라하니라 女子十秊이면 不出하며 聽從姆教라 故曰 入奉母儀라하니라

【훈음】 秊(=年) 해 년 姆 여자 스승 무

• **十秊 出就外傅, 十秊 不出 聽從姆教** : 《예기禮記》 〈내칙內則〉에서 인용한 것이다.

남자는 10세가 되면 바깥의 스승에게 나아가 배운다. 그러므로 말하기를 "밖으로는 스승의 가르침을 받는다."라고 한 것이다.

여자는 10세가 되면 밖에 나가지 않으며 여자 스승의 가르침을 들어 따른다. 그러므로 말하기를 "안으로는 어머니의 법도를 받든다."고 한 것이다.

CV709

044 **諸姑伯叔**은　　여러 고모姑母와 백부伯父·숙부叔父는

猶子比兒라　　〈조카를〉 자식처럼 여겨 자기 아이와 대등하게 한다.

【훈음】 諸 여럿 제　姑 시어미 고　伯 큰아버지 백　叔 작은아버지 숙
猶 같을 유　子 자식 자　比 견줄 비　兒 아이 아
【어휘】 猶子比兒 : 전의되어 '猶子'는 '조카〔姪子〕'로, '比兒'도 '조카〔姪兒〕'로 쓰이게 되었다.

註解 此는 言父之姊妹兄弟也라 伯叔은 卽兄弟之稱이어늘 而俗以伯爲父之兄하고 叔爲父之弟하니 此亦承俗謬也라 此는 言兄弟之子也라 自諸姑伯叔視之하면 猶己子而比己兒也라

【훈음】 姊 손윗누이 자　妹 손아랫누이 매　謬 잘못될 류

• **伯叔卽兄弟之稱……此亦承俗謬也** : 伯叔은 형제의 서열을 말하는데, 형제 중에 첫 번째가 '伯,' 두 번째가 '仲', 세 번째가 '叔', 네 번째가 '季'인데, '伯'을 '큰아버지〔父之兄〕', '叔'을 '작은아버지〔父之弟〕'라고 부르는 것은 잘못이라고 지적한 것이다.

이는 아버지의 자매와 형제를 말한 것이다. '伯'·'叔'은 바로 형제의 칭호인데, 세속에서는 '伯'을 아버지의 형이라 하고 '叔'을 아버지의 아우라 하니, 이 또한 세속의 오류를 따른 것이다.

이는 형제의 아들을 말한 것이다. 여러 '고모姑母'와 '백부伯父'·'숙부叔父'의 입장에서 보면 〈조카는〉 자기 자식과 같아 자기 아이와 대등하게 된다.

'諸'의 독음

'諸'는 원래 1음音 뿐이어서 '저'로 쓰이다가 오늘날 '저'(어조사)와 '제'(모두) 2음으로 나뉜 것이다. 《신자전新字典》(1915년 출간)에 "諸 져 衆也 모듬 모들 ○ 語助辭 어조사"로 나타내어 의미가 '모두'와 '어조사'인 경우 함께 '져(저)'로 표기하였는데, 《조선어사전朝鮮語辭典》(1920년 출간)에는 "졔〔諸〕 諸家〔졔가〕 諸國〔졔국〕 …" 등에서 '모두'인 경우 '졔(제)'로 표기하였다.

CV710

045 孔懷兄弟는 깊이 생각해주는 형과 아우는
同氣連枝라 〈부모의〉 기운을 함께 받아 나뭇가지처럼 이어져 있다.

【훈음】 孔 매우 공 懷 생각할 회 兄 맏 형 弟 아우 제
同(=仝) 같을 동 氣(=气) 기질 기 連 이어질 연 枝 가지 지

註解 詩曰 死喪之威에 兄弟孔懷라하니 言死喪之事는 獨於兄弟之親에 思念倍切也라 兄弟는 同受父母之氣하니 比諸樹하면 父母는 根也요 兄弟는 枝之連也라 爲兄弟者知此하면 則豈有不相愛者乎아

【훈음】 威 두려울 위 懷 생각할 회 豈 어찌 기

《시경詩經》〈소아小雅 상체常棣〉에 이르기를 "죽는 두려움에는 형제가 깊이 생각해준다." 하였으니, 죽는 일에는 오직 형제의 친함에 있어서 생각해줌이 갑절이나 절실함을 말한 것이다.
형제는 부모의 기운을 함께 받았으니, 나무에 견주면 부모는 뿌리이고 형제는 나뭇가지가 서로 이어진 것이다. 형제인 자가 이것을 안다면 어찌 서로 사랑하지 않을 자가 있겠는가.

046 交友投分하고 벗을 사귀어 정분情分을 의탁하고,
切磨箴規라 절차탁마切磋琢磨하며 경계하고 일깨워준다.

【훈음】 交 사귈 교 友 벗 우 投 의탁할 투 分 정분 분
切 끊을 절 磨 갈 마 箴 경계할 잠 規 경계할 규

註解 朋友는 以義合이로되 而父子君臣長幼夫婦之倫이 賴朋友而明이라 故必託之以朋友之分焉이니라 切磋琢磨는 講習克治之功이요 箴戒規警은 責善交修之意니 無此면 則不可謂盡朋友之分也라

【훈음】 賴 의지할 뢰 託 의탁할 탁 磋 갈 차 琢 쪼을 탁 責 권할 책

붕우朋友는 의리義理로 결합하였는데, 부자·군신·장유·부부의 윤리倫理가 붕우를 의뢰하여 밝아진다. 그러므로 반드시 붕우의 정분情分을 의탁하는 것이다.
절차탁마切磋琢磨는 강습하고 〈사욕私慾을〉 이겨 다스리는 공부이며, 경계하고 일깨워줌은 선善을 권면하여 서로 수련하는 뜻이니, 이것이 없으면 붕우의 정분을 다했다고 말할 수 없는 것이다.

CV711

047 仁慈隱惻을 　　인자하고 측은하게 여기는 마음을
造次弗離라 　　다급할 때에도 떠나지 말아야 한다.

【훈음】 仁 어질 인　慈 사랑할 자　隱 가엾어 할 은　惻 슬퍼할 측
造 갑자기 조　次 버금 차　弗 아니 불　離 떠날 리
【어휘】 造次 : 창졸간에.

연면어連綿語 · 조차造次

'連綿語'는 '이음일의二音一義의 단어單語' 즉 '2음절(2글자)에 1의미의 단어'로, 한자漢字가 '일음일의一音一義의 단어'라는 공식을 넘어선 것이다. 그러므로 '造次'를 한 글자씩의 의미로 풀이해서는 안 되고 두 글자를 묶어 함께 풀이하여 '창졸간에[急遽苟且之時]'라고 해야 한다. 이외에도 ≪천자문≫에 보이는 연면어는 전패顚沛(나자빠지다) · 밀물密勿(노력하다) · 적력的歷(선명하다) 등이 있다.

註解 仁者는 心之德이며 愛之理也요 慈愛는 仁之用也요 惻隱은 仁之端也라 孔子曰 君子는 無終食之間違仁하여 造次必於是라하니 仁之不可離가 如此라

【훈음】 違 떠날 위
【어휘】 仁者心之德愛之理 : 《맹자집주孟子集註》 〈양혜왕 상梁惠王上〉 에서 인용한 것이다.

인仁은 마음의 덕德이며 사랑의 원리原理이고, 자애慈愛는 '仁'의 응용이요 측은惻隱은 '仁'의 단서이다.

《논어論語》 〈이인里仁〉에〉 공자가 말하기를 "군자는 밥 한 그릇을 먹는 짧은 시간에도 '仁'을 떠나지 말아야 하고 다급할 때에도 반드시 '仁'으로 한다." 하였으니, '仁'을 떠날 수 없는 것이 이와 같다.

측은히 여기는 마음은 '인仁'의 실마리 惻隱 仁之端也

《맹자孟子》 〈공손추 상公孫丑上〉에서 인용된 사단四端의 하나이다. 단端은 '처음'으로, '고치실〔繭絲〕의 실마리'로 비유하여 그 ≪대전大全≫에 " '端'은 실마리〔緖〕이니, 사물의 '시작'이다. 고치실로 비유하면 바깥에 한 가닥 실마리가 있으면 바로 속에 한 덩어리 실이 있음을 알 수 있다. 만약 실이 안에 없다면 실마리가 무엇을 말미암아 밖에 보이겠는가!"라고 설명하였다.

CV713

048 節義廉退는 절도·의리·청렴·겸양은

顚沛匪虧라 〈환난과〉 위급한 중에도 이지러뜨리지 말아야 한다.

【훈음】 節 절도 절 義 옳을 의 廉 청렴 렴 退 사양할 퇴
顚 넘어질 전 沛 자빠질 패 匪 아닐 비 虧 이지러질 휴

註解 砥節守義하고 礪廉勇退는 士大夫之所以操心飭躬者也라 雖患難顚沛之際라도 不可使節義廉退之操로 有一分虧缺也라

【훈음】 砥 갈 지 礪 갈 려 操 잡을 조 飭 조심할 칙
【어휘】 顚沛 : 나자빠지다.

• A之所以B者也 : A가 B하는 것이다

절개에 힘쓰고 의리를 지키며 청렴에 애쓰고 물러나기를 용감히 함은 사대부가 마음을 유지하고 스스로를 삼가는 것이다.

비록 환난과 위급할 때라도 절의염퇴節義廉退의 지조를 조금도 이지러뜨림이 있게 해서는 안 된다.

CV714

049 **性靜情逸**하고 〈인의예지신仁義禮智信의〉 본성이 고요하면 감정도 편안하고,

心動神疲라 마음이 동요하면 정신도 피곤해진다.

【훈음】 性 성품 성 靜 고요할 정 情 뜻 정 逸 편안할 일
心 마음 심 動 움직일 동 神 정신 신 疲 피곤할 피

註解 人生而靜者爲性也요 感物而動者爲情也라 縱逸은 亦動之意也라 心은 統性情者也니 心若逐物而動하여 淵淪天飛하면 則不能全其性하여 而使神氣疲倦也라

【훈음】 縱 놓을 종 逐 따를 축 倦 피로할 권

【어휘】 心統性情者也 : 《맹자집주孟子集註》〈공손추 상公孫丑上〉에서 인용된 것인데, '統'의 풀이는 '통솔하다'와 '겸하다'라는 두 가지 견해가 있다.

사람이 태어나 안정할 때에는 본성本性 그대로이고, 사물에 감동되어 동요하면 감정感情이 된다. 종일縱逸(방종과 안일)은 또한 동요의 뜻이다.

마음은 본성과 감정을 통합하고 있으니, '마음'이 만일 사물에 따라 동요하여 못 속에 빠지듯이 하고 하늘 위에 날듯이 하면, 그 본성을 온전히 보전하지 못하여 정신을 피곤〔疲倦〕하게 한다.

CV715

050 **守眞志滿**하고 〈본성의〉 도道를 지키면 의지가 충만해지고,

逐物意移라 〈욕망의〉 외물外物을 좇으면 뜻이 변해간다.

【훈음】 守 지킬 수 眞 참 진 志 뜻 지 滿 찰 만
逐 좇을 축 物 만물 물 意 뜻 의 移 변할 이

註解 眞은 道也니 守道則心體虛明하여 無係著하고 無虧欠이라 故曰志滿이라하니 滿은 平滿之意라 與書經志不可滿*之滿으로 異하니라 不能守道하여 而逐物於外하면 則心無定向하여 而意自移矣라

【훈음】 係 맬 계 著 잡을 착 欠 모자랄 흠

'진眞'은 '도道'이니, '마음[心]'이 도道를 지키면 마음과 신체가 허명虛明(깨끗하고 밝음)하여 집착함이 없고 결함이 없다. 그러므로 지만志滿이라고 하였으니, '만滿'은 평만平滿(평평하고 가득함)의 뜻이다. 《서경書經》의 "뜻은 거만하게 해서는 안 된다.〔志不可滿〕"의 만滿과는 다르다.

'도道'를 지키지 못하여 밖으로 외물을 좇게 되면, '마음'이 일정한 방향이 없어 뜻이 저절로 변해 간다.

CV716

* 書經志不可滿 : 《예기禮記》 〈곡례 상曲禮上〉에 보이는 내용인데, 출전이 '書經'으로 잘못 기록되어 있다.

051 **堅持雅操**하면 〈오상五常의〉 바른 지조를 굳게 지키면,

好爵自縻니라 좋은 벼슬이 저절로 얽혀온다.

【훈음】 堅 굳을 견 持 지킬 지 雅 바를 아 操 절조 조
好 좋을 호 爵 벼슬 작 自 스스로 자 縻 얽힐 미

註解 固守正節하여 惟當盡在我之道而已니라 在我之道旣盡이면 則祿在其中이라 易曰 我有好爵하여 吾與爾縻之라하니 卽所謂修其天爵而人爵自至也라

바른 절개를 굳게 지켜 오직 나에게 있는 도리를 다해야 할 뿐이다.

나에게 있는 도리를 이미 다했으면 작록은 그 가운데에 있다. 《주역周易》 중부괘中孚卦 구이효사九二爻辭에 이르기를 "내가 좋은 벼슬을 두어 내가 그대와 함께 이에 매인다." 하였으니, 바로 이른바 "천작을 닦으면 인작이 저절로 이른다."는 것이다.

천성을 닦으면 벼슬이 절로 온다 修其天爵而人爵自至也

《맹자孟子》 〈고자 상告子上〉의 "천작天爵이 있으며 인작人爵이 있다. 인仁·의義·충忠·신信하고 선善을 즐겨 게을리 하지 않는 것이 천작이고, 공公·경卿·대부大夫가 인작이다. 옛사람은 그 천작을 수련함에 인작이 따랐다."에서 유래한 것이다. '天爵'은 타고난 천성天性이고, '人爵'은 사람이 주는 벼슬이다.

CV717

Ⅲ. 천하에 제왕이 되는 기반 王天下之基

052 都邑華夏는　중국中國에 도읍한 곳은

東西二京이라　동경東京(낙양洛陽)과 서경西京(장안長安)의 두 서울이다.

【훈음】 都 도읍 도　邑 고을 읍　華 빛날 화　夏 중화 하
東 동녘 동　西 서녘 서　二 두 이　京 서울 경

註解 都邑之在華夏者는 隨代而異也라 東京은 洛陽이니 東周東漢魏晉石趙後魏都焉하고 西京은 長安이니 西周秦西漢後秦西魏後周隋唐都焉하니라

• A之B者 : A중에 B한 것/B한 A

도읍都邑이 화하華夏(중화中華)에 있는 것은 시대에 따라 달랐다.

동경東京은 낙양洛陽으로 동주東周·동한東漢(후한後漢)·위魏·진晉·석조石趙(석륵石勒의 후조後趙)·후위後魏가 도읍하였고, 서경西京은 장안長安(서안西安)으로 서주西周·진秦·서한西漢(전한前漢)·후진後秦·서위西魏·후주後周·수隋·당唐이 도읍하였다.

CV719

053 **背邙面洛**하고 〈동경東京은〉 북망산北邙山이 뒤에, 낙수洛水가 앞에 있고,

浮渭據涇이라 〈서경西京은〉 위수渭水에서 배타고 다니고, 경수涇水에 의지하고 있다.

【훈음】 背 뒤 배　邙 산 이름 망　面(=靣) 앞 면　洛(=雒) 물 이름 락
浮 배 타고 갈 부　渭 물 이름 위　據(=据) 의지할 거　涇 물 이름 경

註解 東京은 則邙山在其北하고 洛水經其南이라 西京은 則涇渭二水가 橫其西北하니 此는 言二京之形勝也라

【훈음】 經 지날 경

동경東京은 북망산이 북쪽에 있고 낙수가 남쪽을 지나간다.

서경西京은 경수와 위수의 두 물이 서북쪽을 가로질러 흐른다. 이는 동경과 서경의 형세와 경치[形勝]를 말한 것이다.

낙양의 '洛'을 '雒'으로 쓴 이유

'雒'으로 쓰는 이유는 '수氵(水)'(물 수)를 피하기 위한 것이다. 한漢나라는 오행五行에서 화火(불)의 덕德을 사용하여 수극화水克火(물이 불을 이김)의 상극법相克法에 의해 수水(물)를 꺼렸으므로 '洛'의 '氵'를 빼고 '隹(추)'를 더한 것이다. – 《漢書》〈地理志〉

CV720

054 **宮殿盤鬱**하고 궁전이 모여 빽빽하고,
樓觀飛驚이라 누각은 〈처마가〉 꿩이 재빨리 나는 듯하다.

【훈음】 宮 집 궁 殿(=殿) 큰 집 전 盤(≒槃·鎜) 서릴 반 鬱(=欝·欝·欝) 성대할 울
樓 층층 집 루 觀 전망하는 집 관 飛 날 비 驚 빠를[迅疾] 경

註解 端居를 謂之宮이요 臨御를 謂之殿이라 盤鬱은 攢簇之意라 憑眺를 謂之樓요 延覽을 謂之觀이라 飛驚은 翬革之貌라

【훈음】 攢 모일 찬 簇 모일 촉 憑 기댈 빙 眺 바라볼 조
延 멀 연 覽 볼 람 翬 꿩 휘 革 날개 칠〔翼〕 혁

【어휘】 端居 : 평소 거처하는 곳.
- 翬革 : 《시경詩經》 〈소아小雅 사간斯干〉의 "들보가 일어섬은 새가 날개 치는 듯하고, 처마는 꿩이 나는 듯하다.〔如鳥斯革 如翬斯飛〕"에서 따온 것이다.

- A謂之B : A를 B라고 한다

〈왕이〉 평소 거처하는 곳을 궁宮이라 하고, 납시어 계시는 곳을 전殿이라 한다. 반울盤鬱은 모여 있는 뜻이다. 기대어 보는 곳을 누樓라 하고, 멀리 바라보는 곳을 관觀이라 한다. 비경飛驚은 꿩이 나는 듯, 새가 움직이는 듯한 모양이다.

055 **圖寫禽獸**하고 〈궁전宮殿과 누관樓觀에〉 새와 짐승을 그렸으며,
畫綵仙靈이라 신선과 신령을 그려 채색하였다.

【훈음】 圖 그릴 도 寫 그릴 사 禽 새 금 獸 짐승 수
畫(≒畵·畵) 그릴 화 綵(=采) 채색할 채 仙(=僊) 신선 선 靈 신령 령

註解 宮殿樓觀에 必圖寫龍虎麟鳳之狀하여 以爲美觀也라 亦以五采로 畫神仙靈怪之物也라

【훈음】 麟 기린 린 鳳 봉새 봉
【어휘】 樓觀…美觀 : '觀'이 앞에는 '집 관', 뒤에는 '볼 관'으로 쓰였다.

궁전과 높은 집에 반드시 용·범·기린·봉황의 모습을 그려 아름다운 경관景觀으로 삼았다. 또한 다섯 가지 채색으로 신선과 신령스럽고 기괴한 물건을 그렸다.

CV721

056
丙舍傍啓하고 병 차례의 집〔舍〕이 〈전각 양쪽〉 옆에 펼쳐 있고,
甲帳對楹이라 갑 차례의 휘장〔帳〕이 기둥 사이에 마주하고 있다.

【훈음】 丙 셋째 병 舍 집 사 傍(=徬·旁·旁) 곁 방 啓 열 계
甲 첫째 갑 帳 휘장 장 對 마주할 대 楹 기둥 영

【어휘】 丙舍 : 후한後漢 때 궁중 정실正室의 양쪽 집에 갑甲·을乙·병丙의 차례를 매긴 제3등급等級 집.

註解 丙舍는 殿前左右之舍니 侍臣所居가 相向兩傍而開也라 東方朔이 造甲乙帳하니 人君暫止之處에 分對於兩楹之間也라

【훈음】 暫 잠깐 잠 間 사이 간

병사丙舍는 전각殿閣 앞의 좌우에 있는 집이니, 시중드는 신하의 거처가 서로 양쪽을 향하여 전개되어 있다.

동방삭東邦朔이 갑장甲帳과 을장乙帳을 만들었으니, 임금이 잠시 머무는 곳에 두 기둥 사이에서 나뉘어 마주하고 있다.

057
肆筵設席하고 〈연회宴會의〉 자리를 펴며 방석을 놓고,
鼓瑟吹笙이라 비파琵琶를 타며 생황笙簧을 분다.

【훈음】 肆 펼 사 筵 자리 연 設 놓을 설 席 자리 석
鼓(=皷·皷) 탈 고, 연주하다 瑟 비파 슬 吹 불 취 笙 생황 생

註解 詩大雅行葦篇之詞니 言燕會之際에 排列筵席也라 詩小雅鹿鳴篇之詞니 言燕會之時에 迭奏笙瑟也라

【훈음】 燕 잔치할 연 排 늘어설 배 迭 번갈아 질

〈사연설석肆筵設席은〉《시경詩經》〈대아大雅 행위行葦〉 편의 노래가사이니, 연회燕會(宴會)할 때에 자리와 방석을 배열함을 말한 것이다.

〈고슬취생鼓瑟吹笙은〉《시경》〈소아小雅 녹명鹿鳴〉 편의 노래가사이니, 연회할 때에 생황笙簧과 비파를 번갈아 연주함을 말한 것이다.

CV723

058 **陞階納陛**하니 〈신하臣下들이〉 계단으로 오르고 〈천자天子가〉 섬돌로 들어가니,

弁轉疑星이라 구슬 달린 모자가 〈걷는 대로〉 돌아가서 별과 같다.

【훈음】 陞(≒升) 오를 **승** 階(=堦) 섬돌 **계** 納 들일 **납** 陛 천자 섬돌 **폐**
弁 관 **변** 轉 돌 **전** 疑 비슷할 **의** 星 별 **성**

註解 階在堂外하여 諸臣所陞이요 陛在堂內하여 尊者之陛라 曰 納陛는 謂鑿殿基爲陛하여 納于霤下하여 不使露而陞也라 弁有三梁五梁七梁之別하니 梁皆有珠라 群臣升降之際에 見弁珠環轉如星하니 詩曰 會弁如星이 是也라

【훈음】 鑿 팔 **착** 霤 처마 **류** 梁 솔기 **량** 會 솔기 **회**

계階 계단은 당堂 밖에 있어 여러 신하들이 오르는 곳이고, 폐陛 계단은 당堂 안에 있어 높은 사람이 쓰는 계단이다. 납폐納陛라고 말한 것은 전각 터를 파서 폐陛 계단을 만들어 처마 아래로 들어가서 드러나지 않게 하고 오르게 됨을 이른다.

변弁(모자)에는 3량梁(관의 솔기), 5량, 7량의 구별이 있는데, '梁'에는 모두 구슬이 달려 있다. 여러 신하들이 오르내리는 사이에 弁의 구슬이 돌아 별처럼 보이니, 《시경詩經》〈위풍衛風 기욱淇奧〉에 말하기를 "모자에 솔기의 구슬이 별인 듯하다."는 것이 이것이다.

천자의 섬돌 '폐陛'

'陛'는 당堂에 오를 때 경유하는 섬돌인데, 천자는 반드시 측근 신하가 병기를 잡고서 '陛' 곁에 도열하여 뜻밖의 사태를 경계하니, 폐하陛下라고 하는 것은 여러 신하들이 천자와 말을 할 적에 감히 천자를 가리키지 못하므로 '陛' 아래에 있는 사람을 불러 고함으로써, 낮은 이를 통하여 높은 이에게 도달하는 뜻이다. 천자에게 올리는 글에도 이와 같다. 그리고 여러 신하들과 선비·일반인이 서로 함께 말할 적에 전하殿下(전각 아래, 왕)·각하閣下(각문閣門 아래, 대신)·집사執事(일 집행자, 상대방 존칭) 등도 모두 이러한 부류이다. -《獨斷》

CV725

059 右通廣內하고 〈정전正殿의〉 오른쪽으로는 〈도서실인〉 광내실廣內室로 통하고,

左達承明이라 〈금마문金馬門의〉 왼쪽으로는 〈교서실校書室인〉 승명실承明室에 이른다.

【훈음】 右 오른쪽 우 通 통할 통 廣 넓을 광 內 안 내
左 왼쪽 좌 達 이를 달 承 이을 승 明 밝을 명

註解 漢正殿之右에 有延閣廣內하니 皆藏秘書之室이라 有承明廬石渠閣이 在金馬門左하니 亦校閱書史之室이라

한나라 정전의 오른쪽에 연각延閣·광내廣內가 있으니, 모두 궁중의 도서[秘書]를 보관하는 집이다. 승명려承明廬·석거각石渠閣이 금마문의 왼쪽에 있으니, 또한 서적과 역사서를 교열校閱하는 집이다.

금마문 金馬門

한漢나라의 궁전 문 이름. 학사들이 조칙詔勅을 기다리는 곳. 문 곁에 동마銅馬(말 동상)가 있기 때문에 붙여진 이름이다. 한 무제漢武帝가 대원大宛의 명마名馬를 얻고서 구리로 말의 동상銅像을 만들어 세웠다.

CV726

060 **既集墳典**하고 이미《삼분三墳》과 《오전五典》을 모으고,
亦聚羣英이라 또한 뭇 영재英才를 〈광내실과 승명실에〉 모았다.

【훈음】 既 이미 기 集 모을 집 墳 책 분 典 책 전
亦 또 역 聚 모을 취 羣(=群) 무리 군 英 인재(人才) 영

註解 三皇書曰三墳이니 言高大也요 五帝書曰五典이니 言可法也라 不言九丘八索諸經百家는 擧大包小也라 既集墳典하고 又必徵訪英賢하여 聚於廣內承明하여 講明討論하여 以昭治道也라

【훈음】 索 찾을 색 徵 부를 징 訪 찾을 방
【어휘】 九丘 : 전설 속 중국의 가장 오래된 책 이름.
• 八索 : 옛 책 이름. 후대에는 대부분 고대古代 전적典籍 혹은 팔괘八卦를 지칭한다.

• 可A : A할 만하다

삼황三皇의 책을 《삼분三墳》이라 하니 높고 크다는 뜻이고, 오제五帝의 책을 《오전五典》이라 하니 본받을 만하다는 뜻이다. 《구구九丘》, 《팔색八索》, 여러 경서經書, 백가서百家書를 말하지 않은 것은 큰 것을 들어 작은 것을 포함한 것이다.

이미 《삼분》·《오전》을 모아놓고 또 반드시 영재와 현사들을 부르며 찾아서 광내실廣內室·승명실承命室에 모아 강론하며 토론하여 정치하는 도리를 밝혔다.

《삼분三墳》《오전五典》

《삼분三墳》은 송宋나라 원풍元豊(1078~1085) 연간에 장상영張商英이 당주唐州 북양北陽의 민가에서 얻었는데, 〈산분山墳〉·〈기분氣墳〉·〈형분形墳〉 3편으로 이루어져 있었고 말이 대부분 허탄하며 망측하니, 위서僞書였다. 《오전五典》은 곧 《서경書經》의 〈요전堯典〉·〈순전舜典〉·〈대우모大禹謨〉·〈고요모皐陶謨〉·〈익직益稷〉 등 5편으로 이루어져 있다.

CV727

061 杜藁鍾隷요 두조杜操는 초서草書를, 종요鍾繇는 소예小隷(楷書)를 개발하고,

漆書壁經이라 〈노 공왕魯恭王은 공자 사당에서〉 옻칠 액 글씨체의 벽 속 경서經書를 얻었다.

【훈음】 杜 막을 두 藁(=稾·稿) 초서 고 鍾 쇠북 종 隷(=隸) 여서 례
漆 옻칠할 칠 書 글씨 서 壁 벽 벽 經 성인聖人의 경전經傳 경

註解 蒼頡造書러니 三代互有損益하며 秦隷人程邈은 作隷書하고 東漢杜操는 作草書하고 魏鍾繇는 作小隷하니 今楷字也라 漢魯恭王이 修孔子廟라가 壞古牆壁하여 得尙書하니 以古篆으로 畫漆書於竹簡者也라 得於孔壁이라 故曰壁經이라

【훈음】 邈 멀 막 操 잡을 조 繇 부역할 요 壞 헐 괴 篆 전서 전 簡 대쪽 간

【어휘】 隷人 : 직위가 낮고 천한 관리.

- 杜操 : 동한東漢 사람. 자字는 백도伯度. 장제章帝 때에 제상齊相이 되었고 장초章草(글자마다 독립되어서 연이어 쓰지 않는 초서)를 잘 썼다. 위魏·진晉시대에는 조조曹操의 이름을 피하여 두도杜度라고 하였다.
- 壁經 : 벽 속에서 나온 경서.

창힐蒼頡이 글자를 만들었는데, 삼대三代(夏·殷·周)에 서로 증감이 있었으며, 진秦나라의 예인隷人 정막程邈은 예서隷書를 만들고 동한東漢의 두조杜操는 초서草書를 만들고 위魏나라의 종요鍾繇는 소예小隷를 만들었으니, 〈'小隷'는〉 지금의 해자楷字이다.

전한前漢 때 노 공왕魯恭王이 공자의 사당을 수리하다가 옛 벽을 헐어 《상서尙書》를 얻었는데, 옛 전자[古篆]로 옻칠 액 글씨로 대나무 쪽[竹簡]에 그어 쓴 것이다. 공자 집의 벽 속에서 얻었으므로 벽경壁經이라 하였다.

노 공왕 魯恭王

한漢나라 유여劉餘(?~B.C.128). 경제景帝의 다섯째 아들. 경제 전2년(B.C. 155)에 회양왕淮陽王에 봉해지고 뒤에 노왕魯王으로 옮겼다. 궁실을 수리하기 좋아하였는데, 공자의 옛 집을 헐어서 그 집을 넓히다가 벽 속에서 고문古文 경전經傳을 얻었다. 시호를 공恭이라고 하였다.

CV728

062 **府羅將相**하고　관부官府에는 장수와 정승이 나열되었고,
路挾槐卿이라　〈대궐〉 길에는 삼공三公과 구경九卿이 길을 끼고 늘어서 있다.

【훈음】 府 관청 부　羅 벌릴 라　將 장수 장　相 정승 상
路 길 로　夾 낄 협　槐 삼공 괴　卿 경재卿宰 경

註解 皇居左右에 府第羅列하니 或將或相也라 路는 王朝之路也라 夾路左植三槐하니 三公位焉하고 右植九棘하니 九卿位焉이라 槐는 謂三公也라

【훈음】 第 집 제　棘 가시나무 극
【어휘】 夾路 : 도로 양 옆에 늘어서 있다.

황제皇帝가 거처하는 좌우에 관청 집들이 나열되었으니, 혹은 장수이거나 혹은 정승들이 있다.

노路는 왕조王朝(조정)의 길이다. 길을 끼고 왼쪽에는 세 그루 괴목槐木을 심었는데 삼공三公이 거기에 자리하고, 오른쪽에는 아홉 그루 극목棘木을 심었는데 구경九卿이 거기에 자리한다. 괴槐는 삼공을 말한다.

063 **戶封八縣**하고　〈공신功臣 제후諸侯에게〉 여덟 현縣을 책봉冊封해주고,
家給千兵이라　〈제후〉 집에는 천 명의 병사를 주었다.

【훈음】 戶 집 호　封 책봉할 봉　八 여덟 팔　縣 고을 현
家 집 가　給 줄 급　千 일천 천　兵 군사 병
【어휘】 戶封八縣 : 후한 왕상王常이 식읍食邑 8현縣을 받은 것을 말한다.(《후한서後漢書》 〈왕상열전王常列傳〉)

註解 漢平定天下하고 大封功臣할새 重者는 食八縣民戶하여 爲侯國하니라 侯國에 許置兵千人하여 以衛其家하니라

한漢나라는 천하를 평정하고 공신을 크게 책봉하였는데, 중대한 자는 여덟 현縣의 민가에서 세금을 받아먹어 제후국諸侯國이 되었다.

제후국에 천 명의 병사를 두어 그 집을 호위하도록 허락하였다.

CV729

064 **高冠陪輦**하고 높은 관冠을 쓴 이들이 제후의 수레를 모시고,

驅轂振纓이라 〈제후의 종자들이〉 수레바퀴를 몰아가면 〈수레와 말의〉 끈과 술이 흔들린다.

【훈음】 高 높을 고 冠 갓 관 陪 모실 배 輦 손수레 련
驅 몰 구 轂 수레바퀴통 곡 振 떨칠 진 纓 끈 영

【어휘】 輦 : 사람 손으로 끄는 수레. 자형字形은 두 남자가 나란히 끌고가는〔扶〕 수레〔車〕로 설명된다. 진秦·한漢 이후로는 제왕帝王·후비后妃의 수레만을 뜻하게 되었다.

註解 諸侯出하면 則有高冠大帶之士가 左右陪輦也과 諸侯從者가 驅轂而行하면 振動其車馬之纓旒也라

【훈음】 旒 술 류

제후가 외출하면 높은 모자 쓰고 큰 띠를 맨 인사人士들이 좌우에서 연輦을 모셨다.
제후의 수행원이 수레바퀴를 몰고 가면 그 수레와 말의 끈과 술이 흔들린다.

065 **世祿侈富**하니 〈공신功臣은〉 대대로 녹봉과 지위를 받아 호사豪奢하며 부유하니,

車駕肥輕이라 〈그들의〉 수레와 멍에 씌운 말이 살지고 경쾌하다.

【훈음】 世 대대로 세 祿 봉급 록 侈 호사할 치 富 부유할 부
車 수레 거/차 駕 멍에 씌운 말 가 肥 살질 비 輕 가벼울 경
※ 車 : 독음 '거'는 '거처한다'는 '거居'로 설명되고, '차'는 '집'이라는 '사舍'로 설명된다.

註解 功臣子孫이 世享祿位하여 侈大富盛也라 其所乘之車輕하고 其所駕之馬肥也라

공신의 자손들이 대대로 녹봉과 지위를 누려 크고 풍성하였다.
그들이 타는 수레가 경쾌하고 멍에 씌운 말이 살졌다.

CV731

066 **策功茂實**하고 〈공신功臣의〉 공적功績을 기록하여 실적을 성대히 하고,

勒碑刻銘이라 〈공적을〉 비석에 조각하여 명문銘文을 새겨 후대하였다.

【훈음】 策 기록할 책 功 공로 공 茂(≒懋) 성할 무 實 열매 실
勒 조각할 륵 碑 비석 비 刻 새길 각 銘 문체 이름 명

註解 紀績曰策功이라 茂實은 懋實也니 功懋懋賞之意라 以其功烈로 勒之爲碑하고 刻之爲銘하니 待功臣이 其亦厚矣라

【훈음】 績 공적 적 懋 성대할 무 烈 공적 렬

공적을 기록함을 책공策功이라 한다. 무실茂實은 실적을 성대하게 함이니, 《서경書經》 〈중훼지고仲虺之誥〉의〉 "공이 많은 사람에게는 상을 많이 준다."는 뜻이다.

그 공적을 돌에 조각하여 비석을 만들고 새겨 명문銘文을 만드니, 공신을 대우함이 그 또한 후한 것이다.

이윤伊尹, 만고제회도상

여상呂尙, 만고제회도상

CV733

067 **磻溪伊尹**은 — 반계磻溪의 여상呂尙(강태공姜太公)과 신야莘野의 이윤伊尹은 〈초빙되어〉

佐時阿衡이라 — 그 시대를 도우며 아형阿衡 관직을 맡았다.

【훈음】 磻 시내 이름 반　溪(=谿·嵠·磎) 시내 계　伊 저 이　尹 다스릴 윤
佐 도울 좌　時 때 시　阿 언덕 아　衡 저울대 형

【어휘】 磻溪 : 물 이름. 여상이 낚시하던 곳이다.
• 莘野 : 나라 이름. 이윤이 농사짓던 곳이다.
• 阿衡 : 관직 이름. 아阿는 의지하다는 뜻이고 형衡은 공평하다는 뜻이니, 천하가 의지하여 공평하게 다스려진다는 뜻이다.
• 磻溪伊尹 : '(呂尙)磻溪 伊尹(莘野)'의 괄호부분 생략이다.

註解 周文王은 聘呂尙于磻谿하고 殷湯은 聘伊尹于莘野也라 呂尙이 釣磻谿라가 得玉璜하니 有文曰 姬受命에 呂佐時라하니라 阿衡은 商宰相之稱이라

【훈음】 聘 초빙할 빙　釣 낚시할 조　璜 반원형 구슬 황　姬 주나라 성씨 희

【어휘】 姬受命 呂佐時 : 《상서대전尙書大傳》 권2에는 "주나라가 천명을 받는데 여씨가 그 시대에 돕는다.〔周受命 呂佐檢〕"로 되어 있다.

주周나라 문왕은 여상呂尙(강태공姜太公)을 반계磻谿에서 초빙하고, 은殷나라 성탕成湯은 이윤伊尹을 신야莘野에서 초빙하였다.

여상이 반계에서 낚시질하다가 옥황玉璜(반원형 옥)을 얻었는데, "희성姬姓(주周나라 성)이 천명天命을 받는데 여씨呂氏가 그 시대에 돕는다."라는 글이 있었다. 아형阿衡은 상商(은殷)나라 재상의 칭호이다.

이윤伊尹, 여상呂尙

이윤은 상商나라 사람. 이름은 이伊, 또 다른 이름은 지摯. 윤尹은 관명官名이다. 집안의 노예로서 유신씨有莘氏의 딸이 시집가는 것을 모시는 종이었다고 한다. 탕湯의 인정을 받아 등용되고 상나라를 도와 하夏나라를 멸망시키고 국가의 일을 총괄하였다.

여상은 주周나라 초기 사람. 강성姜姓이고 여씨呂氏이며 이름이 상尙이고 속칭 강태공姜太公이라 한다. 여상이 곤궁하고 늙어서 위수渭水 물가에서 낚시질하였는데, 문왕文王이 사냥을 나왔다가 그를 만나서 함께 대화하고는 크게 기뻐하여 말하기를 '나의 태공太公〔조상〕께서 그대를 바란지 오래되었다." 하였으므로, 태공망太公望이라고 일컬었다. 그러고는 수레를 함께 타고 돌아와 그를 선생으로 삼았다.

CV734

068 **奄宅曲阜**하니 곡부曲阜를 취하여 살았으니,

微旦孰營이리오 〈주공周公〉 희단姬旦이 아니면 누가 경영할까!

【훈음】 奄 취할 **엄** 宅 살 **택** 曲 굽을 **곡** 阜 언덕 **부**
微 아닐 **미** 旦 아침 **단** 孰 누구 **숙** 營 경영 **영**

• **微A孰B** : A 아니면 누가 B하겠는가?

註解 曲阜는 魯地라 周公이 有大勳勞할새 封於魯하여 定都於曲阜也라 旦은 周公名이니 言非周公之勳이면 孰能營此鴻基也리오

【훈음】 勳 공로 **훈** 勞 공로 **로** 鴻 클 **홍**

• **非A孰B也** : A 아니면 누가 B하겠는가?

곡부曲阜는 노魯나라 땅이다. 주공이 큰 공로가 있으므로 노나라에 봉해져 〈노나라 제후국의〉 도읍을 곡부에 정하였다.

단旦은 주공의 이름이니 "주공의 공로가 아니면 누가 능히 이 큰 터전을 경영하겠는가!"라고 말한 것이다.

단 旦

주공周公의 이름. 한자의 의미는 '아침', '일찍', '밝다'의 뜻이다. 조선朝鮮 시대에는 태조太祖 이성계李成桂의 개휘改諱(고친 이름)가 '旦'이어서 이 독음을 피하여 '조'로 독음하였다. '조'는 동의이음同義異音인 '朝(아침 조)'에서 온 것이고, 이후 조선에서는 '旦'자를 쓸 경우에는 '朝'자로 대용하였다. 주공의 성姓은 희姬이다.

CV735

069 **桓公匡合**하여 제 환공齊桓公은 〈천하를〉 바로잡고 〈제후들을〉 규합糾合하여,

濟弱扶傾이라 〈주 양왕周襄王의〉 약함을 구제하며 기우는 나라를 붙들어주었다.

【훈음】 桓 굳셀 **환**　公 임금 **공**　匡 바를 **광**　合 모을 **합**
濟 구원할 **제**　弱 약할 **약**　扶 도울 **부**　傾 기울 **경**

【어휘】 桓公匡合 : 제齊나라 환공桓公이 관중管仲을 시켜서 주周나라가 융戎과 화평하게 하고, 습붕隰朋을 시켜서 진晉나라가 융과 화평하게 한 일 등을 말한다.

註解 桓公은 齊君小白이니 五霸之一이라 用管仲하여 一匡天下하고 九合諸侯하니라 定周襄王之位하여 濟之於微弱하고 扶之於傾危하니 卽匡合之實也라

【훈음】 霸(=伯·霸) 제후 맹주 **패**

【어휘】 五霸 : 춘추시대의 5명의 패자霸者(제후 연맹의 우두머리). 제 환공齊桓公, 진 문공晉文公, 송 양공宋襄公, 초 장왕楚莊公, 진 목공秦繆公을 가리킨다.

환공은 제齊나라의 군주 소백小白이니, 오패五霸의 하나이다. 관중管仲을 등용하여 한 번 천하를 바로잡고 제후들을 규합하였다.

주나라 양왕襄王의 왕위王位를 안정시켜 미약할 때에 구제하고 위태로울 때에 붙들어주었으니, 바로잡고 규합함〔匡合〕의 실제이다.

규합제후 九合諸侯

《논어論語》〈헌문憲問〉에 있는 말인데 '九合'은 '구합'으로 읽어 '아홉 번 회합하다'라고 풀이하기도 하고, '규합'으로 읽어 '감독하여 회합하다'라고 풀이하기드 한다. 그 전거는 다음과 같다. ① 아홉 번 회합하였다고 말한 것은《사기》에 말하기를 "군용 수레로 고인 것이 세 번이고 승용 수레로 모인 것이 여섯 번이다." 하였다.〔言九合者 史記云 兵車之會三 乘車之會六〕(《論語》〈憲問〉 邢昺疏) ② '九(규)'는《춘추전》에 '규糾'로 썼는데 '감독하다'는 뜻으로 고자古字에 통용하였다.〔九 春秋傳作糾 督也 古字通用〕(《論語集註》〈憲問〉)

CV736

070 **綺回漢惠**하고 기리계綺里季는 폐위되려던 한漢나라 혜제惠帝를 되돌려 놓았고,

說感武丁하니라 (열) 부열傅說은 〈상왕商王〉 무정武丁에게 현몽現夢하여 〈재상이 되었다.〉

【훈음】 綺 비단 기 回(=廻) 돌릴 회 漢 나라 이름 한 惠 은혜 혜
說(=悅) 기뻐할 열 感 느낄 감 武 용감할 무 丁 장정 정

註解 綺는 綺里季니 商山四皓之一이라 漢高帝將廢太子러니 四皓從游하여 成羽翼하여 使漢惠로 太子之位를 轉而安焉하니라 說은 傅說이라 築於傅巖之野러니 商王武丁이 夢帝賚良弼일새 旁求天下하여 爰立作相하니 是說感夢於武丁也라

【훈음】 皓 흴 호 翼 날개 익 賚 줄 뢰 弼 도울 필 旁 넓을 방
【어휘】 傅巖 : 옛 지명. 부험傅險으로도 일컫는다.
• 築於傅巖之野 : 《서경書經》 〈열명 상說命上〉의 '說築傅巖之野'에 의거한 것인데, '築'은 '담을 쌓다'라고 풀이하기도 하고, '살다(居)'라고 풀이하기도 한다.

기綺는 기리계綺里季이니 상산사호商山四皓의 하나이다. 한나라 고제高帝(유방劉邦)가 장차 태자(혜제惠帝 유영劉盈)를 폐위하려 하였는데, 상산사호가 태자를 따라 노닐어 우익羽翼(보좌인)이 됨으로써 한나라 혜제에게 태자의 자리를 되돌려 안전하도록 하였다.

열說은 부열傅說이다. 부열은 부암傅巖의 들에서 담을 쌓고 있었는데, 상商나라 왕 무정武丁이 꿈속에서 하느님이 훌륭한 보필자를 주시므로, 널리 천하에서 찾아 재상으로 세우니, 이는 부열이 무정에게 감응하여 현몽하도록 한 것이다.

부열傅說이 무정武丁에게 현몽現夢하다 說感武丁

무정武丁은 상나라의 현명한 임금으로 꿈에 하느님이 훌륭한 보필자를 주었는데 깨어나서 그 용모를 그려서 널리 천하에서 찾았다. 부암傅巖의 들에서 부열傅說을 얻었는데 용모가 꿈에 본 것과 같으므로 마침내 등용하여 재상으로 삼으니 상나라 도가 흥성함을 맞았다. –《千字文釋義》

수염과 눈썹이 흰 상산의 네 노인 商山四皓

상산사호商山四皓는 진秦나라 말기에 폭정을 피해 상산에 숨어 살았던, 수염과 눈썹이 흰 네 명의 노인으로 동원공東園公, 기리계綺里季, 하황공夏黃公, 녹리선생甪里先生이다. 한 고조漢高祖가 말년에 척부인戚夫人의 소생인 조왕趙王 유여의劉如意로 태자를 바꾸려 했을 때, 이들은 장량張良의 요청을 받아들여 태자를 도와 그 지위를 안정시킨 뒤 다시 은둔하였다. –《史記》〈留侯世家〉

CV737

071 俊乂密勿하여 영준英俊과 호걸들이 〈다스리는 데에〉 노력하여,

多士寔寧이라 많은 학사學士들이 있어 〈문왕文王이〉 이들로 태평하였다.

【훈음】 俊 준걸 준 乂 영재 예 密 빽빽할 밀 勿 말 물
多 많을 다 士 관원 사 寔 이 식 寧 편안할 녕

註解 大而千人之俊과 小而百人之乂가 咸集于朝하여 經緯密勿也라 俊乂在官하여 國以寧謐하니 詩云 濟濟多士여 文王以寧이 是也라

【훈음】 謐 편안할 밀
【어휘】 經緯 : 다스리다.
• 密勿 : 노력하다〔黽勉〕.
• 濟濟 : 많다.

크게는 1천 명 중의 준걸俊傑과 작게는 1백 명 중의 영걸英傑이 모두 조정에 모여 다스리기를 부지런히 한다.

준걸과 영재英才가 관직에 있어서 나라가 편안하니, 《시경詩經》 〈〈대아大雅 문왕文王〉에〉 이르기를 "가득히 많은 학사들이 있어서 이들로 문왕文王이 편안하다."라고 한 것이 이것이다.

CV738

072 **晉楚更(경)霸**하고 〈춘추시대春秋時代에〉 진晉나라와 초楚나라가 번갈아 패권霸權을 잡았고,

趙魏困橫이라 〈전국시대戰國時代에〉 조趙나라와 위魏나라 등이 연횡連橫에 곤궁하였다.

【훈음】 晉(=晉) 나라 이름 **진** 楚 나라 이름 **초** 更(=叓) 번갈아 **경** 霸(=覇) 제후 맹주 **패**
趙 나라 이름 **조** 魏 나라 이름 **위** 困 피곤할 **곤** 橫(≒衡) 동서 군사 동맹 **횡**

【어휘】 更 : 평성平聲이면 '번갈아 경'으로 읽고, 거성去聲이면 '다시 갱'으로 읽는다.

註解 春秋時에 晉文公이 敗楚成王于城濮而霸러니 至靈公하여 失霸하고 楚莊王이 又稱霸하니 是晉與楚更迭而霸也라 戰國時에 縱人은 欲以六國伐秦하고 橫人은 欲使六國事秦이러니 六國이 終困于橫하니라 六國에 只擧趙魏나 其餘可見이라

춘추시대에 진晉나라 문공文公이 초楚나라 성왕成王을 성복城濮에서 패퇴시키고 패권을 잡았는데, 영공靈公에 이르러 패권을 잃고 초나라 장왕莊王이 다시 패자가 되었으니, 이는 진나라와 초나라가 번갈아서 패권을 잡은 것이다.

전국시대에 합종合縱을 주장한 사람들은 육국六國에게 진秦나라를 치게 하려 하였고, 연횡連橫을 주장한 사람들은 육국에게 '秦'나라를 섬기게 하려 하였는데, 육국이 마침내 연횡에 피로하게 되었다. 육국 중에 조趙·위魏만을 들었으나, 그 나머지도 〈피로했음을〉 알 수 있다.

CV739

소공召公, 《만고제회도상

진 문공晉文公, 《증상전도동주열국지》

성복城濮 전쟁

춘추시대의 큰 전쟁이다. 성복城濮은 위衛나라의 지명으로, 지금의 산동성山東省 복현濮縣 동남쪽에 있는 지명인데, 성복지전城濮之戰으로 유명하다. 진 문공晉文公 3년에 초楚나라가 송宋나라를 치자, 진나라에서 조曹나라와 위나라를 쳐서 송나라를 구원하니, 초나라가 군사를 되돌리게 되었다. 이에 초나라의 장수인 자옥子玉이 분을 품어 진晉나라를 치자, 진晉·송宋·제齊·진秦의 연합군이 성복에서 맞서 싸웠는데, 결국 초나라가 패하였다. 이 싸움으로 진 문공晉文公의 패업霸業이 정해졌다. - 《史記》 〈晉世家〉

합종연횡 合縱連橫

전국시대의 동맹. 종縱은 종從(남북 군사동맹 종)으로도 쓰는데 합종合縱의 약칭으로, 6국六國이 서로 진秦나라에 대항하기 위하여 남북으로 연합해 맺은 군사동맹이다. 횡橫은 횡衡(동서 군사동맹 횡)으로도 쓰는데 연횡連橫의 약칭으로, 서쪽의 진秦나라가 동쪽 6국에게 자국自國을 섬기게 하기 위하여 동서로 맺은 군사동맹이다.

합종은 소진蘇秦이 주장하여 6국이 힘을 합하여 진나라를 막자는 주장이고, 연횡은 장의張儀가 주장하여 6국을 설득하여 진나라를 섬기게 하자는 주장이다. 6국은 한韓·위魏·조趙·연燕·초楚·제齊이다.

073 假途滅虢하고 〈진晉나라 헌공獻公이 우虞나라에게〉 길을 빌려 괵虢나라를 멸망시키고,

踐土會盟이라 〈진晉나라 문공文公이 제후諸侯들과〉 천토踐土에 모여 맹약하였다.

【훈음】 假 빌릴 가 途(=塗) 길 도 滅 멸할 멸 虢 나라 이름 괵
踐 밟을 천 土 흙 토 會 모일 회 盟 맹세할 맹

【어휘】 途 : '道'(길 도)와 동의이운同義異韻의 비동자非同字. '途'는 평성平聲이고, '道'는 상성上聲이다.

註解 晉獻公이 欲伐虢하여 假途於虞하니 虞公이 不聽宮之奇之諫而假之러니 及晉滅虢에 竝滅虞하니라 踐土는 地名이니 晉文公이 約諸侯할새 會盟於此하고 召周襄王於河陽而朝之하니 是挾天子以令諸侯也라

【훈음】 獻 바칠 헌 挾 낄 협

〈춘추시대〉 진晉나라 헌공獻公이 괵虢나라를 치려고 우虞나라에게 길을 빌려달라고 하였는데, 우공虞公(우나라 임금)은 궁지기宮之奇의 진언進言을 듣지 않고 길을 빌려주었다. 〈그러자〉 진나라는 괵나라를 멸망시키고 나서 우나라도 함께 멸망시켰다.

천토踐土는 지명이다. 진晉나라 문공이 제후들과 약속하여 이곳에서 모여 맹약하고 주周나라 양왕襄王을 하양河陽에서 불러와서 받드는 인사를 하였으니, 이는 천자를 끼고서 제후들을 호령한 것이다.

CV740

074 何遵約法하고　　한漢나라 소하蕭何는 한 고조漢高祖의 약법삼장約法三章을 행하였고,

韓弊煩刑이라　　한韓나라 한비韓非는 가혹한 형벌로 피폐疲弊하여 죽었다.

【훈음】 何 어찌 하　遵 행할 준　約 간략할 약　法 법 법
韓 나라 한　弊 해질 폐　煩 번거로울 번　刑 형벌 형

註解 何는 蕭何也라 漢高祖約法三章이러니 蕭何損益而遵行之하여 漢歷秊四百하고 何亦子孫榮顯하니 寬大之效也라 韓은 韓非也니 以慘刻說秦王하고 著書十餘萬言하니 皆刻薄之論이러니 秦二世而亡하고 韓亦誅死하니 煩刑之弊也라

【훈음】 秊(=年) 해 년　慘 혹독할 참

하何는 소하蕭何이다. 한나라 고조高祖(유방劉邦)는 간략하게 만든 법 3장〔約法三章〕만을 썼는데, 소하가 이를 가감하고 준행해서 한나라는 4백 년을 지냈고, 소하 또한 자손들이 영화롭고 현달하였으니, 관대하게 한 효험이었다.

한韓은 한비韓非이니, 참혹하고 각박한 법을 쓰도록 진秦나라 왕을 설득하였으며 10여만 자나 되는 책을 지었는데 모두 각박한 내용이었다. 진나라는 2세世 만에 망하였고 한비 또한 죽임을 당하였으니, 이는 번거로운 형벌의 폐해였다.

CV741

소하는 간략하게 만든 법을 따라 다스리다 何遵約法

한漢나라 고조高祖 유방劉邦이 처음으로 관중關中에 들어와서 진秦나라를 평정하고 원로들과 간략한 법 3장章을 말하기를 "사람을 죽인 자는 죽이고, 사람을 상해한 자 및 도둑질 한 자는 그 죄에 상응하는 처벌을 하고, 나머지 진나라의 가혹한 법은 모두 없앤다." 하였다. 이후 유방이 그것으로 간사함을 막기에 부족하다고 여겨 다시 소하蕭何에게 진나라 법에서 가려 뽑아서 법률 9장을 만들게 하였으니, 이 때문에 소하가 한나라 법을 제정할 적에 고조의 간략한 법을 받들어서 만들었다고 한 것이다. –《千字文釋義》

동문同門 이사李斯의 모함을 받아 죽은 한비韓非

한비자韓非子(B.C. 280~233)는 중국 전국 시대 말기의 사상가. 상앙商鞅의 '법法', 신불해申不害의 '술術', 신도愼到의 '세勢'를 수용하여 법가학설法家學說을 집대성하였다. 저서로《한비자韓非子》가 전한다. 진왕秦王이 한비자의 글을 읽고 감동한 나머지 한韓나라를 공격하면서까지 그를 보려고 하자 한나라가 그를 사신으로 보냈는데, 그와 순자荀子 밑에서 동문수학한 이사李斯의 모함에 걸려 하옥되었고 끝내는 이사가 보낸 약을 먹고 자살하였다. –《史記》〈韓非列傳〉

075 **起翦頗牧**은 〈진秦나라의〉 백기白起·왕전王翦과 〈조趙나라의〉 염파廉頗·이목李牧은

用軍最精이라 군사를 운용하는 것이 가장 정묘精妙하였다.

【훈음】 起 일어날 기 翦(=剪) 자를 전 頗 자못 파 牧 칠 목
用 쓸 용 軍 군사 군 最 가장 최 精 정묘할 정

註解 白起王翦은 秦將이요 廉頗李牧은 趙將이라 言用軍之法이 四將最精也라

백기白起와 왕전王翦은 진秦나라 장수이고, 염파廉頗와 이목李牧은 조趙나라 장수이다. 군사를 운용하는 법은 이들 네 장수가 가장 정묘하다고 말한 것이다.

CV742

076 **宣威沙漠**하고 〈장군은〉 위력威力을 사막에 떨치고,

馳譽丹靑이라 명예를 〈공신각功臣閣에〉 화상畫像으로 그려 전파하였다.

【훈음】 宣 베풀 선 威 위엄 위 沙(=砂) 모래 사 漠 사막沙漠 막
馳 달릴 치 譽 칭찬할 예 丹 붉을 단 靑 푸를 청

註解 沙漠은 朔北極邊之地니 言爲將者能宣揚威武於沙漠也라 丹靑은 圖其形貌라 樹功則圖形하여 而馳名譽於永久하니 如漢宣帝圖畫功臣於麒麟閣이 是也라

【훈음】 樹 세울 수 麒 기린 기 麟 기린 린
【어휘】 朔北 : 북방 변새邊塞 밖의 지역.

사막沙漠은 삭북朔北의 맨 끝 변방의 지역이니, 장군이 된 자가 위엄과 무용을 사막에 능히 펴 드날림을 말한 것이다.

단청丹靑은 그 얼굴과 모양을 그린 것이다. 공을 세우면 얼굴을 그려 명예를 영원히 전파하니, 한나라 선제宣帝가 공신들을 기린각麒麟閣에 그려놓은 것이 그것이다.

기린각 麒麟閣

한漢나라 때의 전각殿閣 이름. 미앙궁未央宮 안에 있었다 무제武帝 때 사냥을 나가 기린을 잡은 기념으로 건물을 짓고서 붙인 이름이다. 선제宣帝 때 흉노匈奴가 투항한 일로 인하여 곽광霍光, 장안세張安世, 한증韓增, 조충국趙充國, 위상魏相, 병길丙吉, 두연년杜延年, 유덕劉德, 양구하梁丘賀, 소망지蕭望之, 소무蘇武 등 11인의 화상을 이곳에 걸어 그들의 공적을 드러냈다. -《漢書》〈蘇建列傳〉

CV743

077 **九州禹迹**이요 9주州는 하夏나라 우禹임금의 발자취가 이른 곳이고,

百郡秦幷이라 〈한漢나라의〉 100군郡은 진 시황秦始皇이 합병해놓은 땅이다.

【훈음】 九 아홉 **구** 州 고을 **주** 禹 하우 씨 **우** 迹(=跡·蹟) 발자취 **적**
百 일백 **백** 郡 고을 **군** 秦 나라 이름 **진** 幷 아우를 **병**

註解 九州는 冀兗青徐揚荊豫梁雍也라 夏禹隨山刊木하여 分別九州하시니 九州는 皆禹所經이라 故曰禹跡이라하니라 秦始皇이 有天下에 廢封建之制하고 置郡凡三十六이러니 歷代增益하여 乃至百郡이나 而置郡始於秦이라 故曰秦幷이라하니라

9주州는 기주冀州·연주兗州·청주青州·서주徐州·양주揚州·형주荊州·예주豫州·양주梁州·옹주雍州이다. 하夏나라 우왕禹王이 산을 따라 나무를 베어 〈길을 통하게 해서〉 구주를 분별하니, 구주는 모두 우왕이 경유한 곳이다. 그러므로 우왕의 발자취라고 하였다.

진秦나라 시황始皇은 천하를 소유하고서 봉건제封建制를 폐지하고 군郡을 설치하였는데 모두 36개 군이었다. 시대가 지나면서 증가하여 1백 개의 군에 이르렀으나 군을 설치한 것이 진나라 때에 시작되었으므로 "진나라가 합병했다."라고 하였다.

1백개 군을 진나라가 합병하다 百郡秦幷

100군郡은 한漢나라 때 경조京兆·좌빙익左憑翊·우부풍右扶風·홍농弘農……구진九眞·일남日南으로 모두 103군인데 100군이라고 말한 것은 큰 숫자를 든 것이다. 한나라의 103군 지역을 이전 시대로 소급하여 진나라가 합병했다고 표현한 것이다.

봉건제도를 폐지하다 廢封建

진시황秦始皇이 봉건封建 제도를 폐지하고 군현郡縣 제도를 실시한 일. 봉건은 천자가 나라의 토지를 나누어주고 제후를 봉하여 나라를 세우게 하던 제도. 진시황이 천하를 통일하여 제후를 없애고 36군郡으로 편성하였는데, 뒤에 한漢나라는 봉건제도와 군현제도를 병행하여 천하를 군郡과 국國으로 나누고, 군(군수郡守가 다스림)은 천자에게 직속하고 국(제후왕諸侯王이 다스림)은 제후에게 분봉하였다.

CV744

078 **嶽宗恒岱*** 하고 오악五嶽은 항산恒山과 대산岱山을 으뜸으로 하고,

禪主云亭 하니라 〈천자의〉 선禪 제사는 운운산云云山과 정정산亭亭山에 유숙留宿하면서 지냈다.

【훈음】 嶽 산마루 악 宗 으뜸 종 恒 항산 항 岱 태산 대
禪 터 닦아 제사할 선 主 유숙할 주 云 산 이름 운 亭 산 이름 정

註解 言五嶽은 以恒岱爲宗也라 恒은 唐本作泰하니 泰岱는 東嶽也라 天子는 十二季에 一巡狩할새 必封禪泰岱하니라 云云亭亭은 泰岱下小山이니 必主宿於是하여 齋沐而後에 祀岱宗焉하니라

【어휘】 天子十二季 一巡狩 : 6년 만에 5복服 구역 제후들이 한 번 인사드리러 오고, 또 6년 만에 왕이 철에 맞추어 순수巡狩한다. 12년 만에 왕이 한 번 순수하는 것이다.
• 岱宗 : 태산泰山. 태산은 예부터 오악五嶽의 우두머리에 있어서 여러 산 중에서 높임[宗]을 받으므로 이렇게 일컫는다.

오악五嶽은 항산恒山과 대산岱山을 으뜸으로 삼는 것을 말한 것이다. '恒'은 당본唐本에 '泰'로 되어 있으니, '泰岱'(태산泰山)는 동악東嶽(태산)이다.

천자天子는 12년에 한 번씩 순수巡狩하였는데, 반드시 태대泰岱에서 봉선封禪 의식을 하였다. 운운云云·정정亭亭은 태대 아래에 있는 작은 산인데, 천자가 반드시 이곳에서 유숙留宿하며 목욕재계한 뒤에 대종岱宗을 거기에서 제사하였다.

항산과 대산 恒岱

'恒岱'는 항산恒山과 대산岱山을 가리키고, '泰岱'는 태산泰山 하나만을 가리킨다. '泰'는 '太(클 태)'와 같다. '泰山'은 '太山'으로도 쓰고, 또 대종岱宗으로 부르기도 한다. '泰岱'를 한 개 산으로 보는 것보다 '恒岱'의 두 개 산으로 보는 것이 아래 구절의 '云'·'亭'의 두 개 산과 대구對句를 이룬다.

* 恒岱 : 《천자문석의千字文釋義》에는 '泰岱'로 되어 있다.

CV745

079 鴈門紫塞요　〈토지의 현저한 것이〉 관문關門은 안문鴈門, 성벽城壁은 자새紫塞,

雞田赤城이라　역참驛站은 계전雞田, 성벽은 적성赤城이다.

【훈음】 鴈(=雁) 기러기 안　門 문 문　紫 검붉을 자　塞 변방 새
鷄(=鷄) 닭 계　田 밭 전　赤 붉을 적　城 성벽 성

【어휘】 紫塞 : 《주해註解》에 '지명地名', 《천자문석의千字文釋義》에 '장성長城(萬里長城)'으로 풀이하였다. 여러 전거典據에는 '長城'으로 나타나고 '지명'은 확인하지 못하였다.

• 鴈門紫塞 雞田赤城 : 이것은 "왕의 토지가 광대하여 9주州와 100군郡이 모두 그의 소유이고, 그중에 또 토지의 현저顯著한 것을 들어 그 성대함을 말하였다. 예컨대……관문關門에는 안문雁門이 있으며, 성城에는 자새紫塞·적성赤城이 있으며, 역참驛站에는 계전雞田이 있으며, 못에는 곤명昆明이 있으며, 산에는 갈석碣石이 있으며, 늪에는 거야鉅野가 있으며, 호수에는 동정洞庭이 있어서 모두 광활하고 멀며 아득하여 끝이 없으니, 그 산의 바위굴이 또한 깊숙하고 어둑하여 헤아릴 수 없는 것과 같은 것이다."라고 말한 것이다.

註解 鴈門은 郡名이니 在幷州하니 春雁北歸踰此라 故名이라 紫塞는 地名이니 秦築長城에 土色皆紫하니라 雞田은 在雍州라 昔에 周文은 獲雌而王하고 秦穆은 獲雌而霸하니라 下有寶雞祠하니 秦郊祀處라 赤城은 在夔州魚腹縣하니라

【훈음】 踰 넘을 유　雌 암컷 자　夔 땅 이름 기

【어휘】 昔周文 獲雌而王 : 주周나라 문왕文王 때에 악작鸑鷟(봉황의 일종)이 기산岐山에서 울었다.

안문鴈門은 군郡 이름이니, 병주幷州에 있었는데, 봄에 기러기가 북쪽으로 돌아갈 때에 이곳을 넘어가기 때문에 이름 지은 것이다. 자새紫塞는 지명이니, 진나라가 이곳에 장성을 쌓았는데, 흙빛이 모두 자주색이었다.

계전雞田은 옹주雍州에 있었다. 옛날에 주나라 문왕文王은 암컷 새를 얻고 왕자가 되었으며, 진나라 목공穆公은 암컷 새를 얻고 패자가 되었다. 아래에 보계사寶雞祠가 있으니, 진나라에서 하늘에 교제郊祭를 지내던 곳이다. 적성赤城은 기주夔州 어복현魚腹縣에 있다.

CV746

진나라 목공이 암컷 새를 얻어 패자가 되고 그 아래에 보계사가 있다

秦穆獲雌而霸 下有寶雞祠

당나라 저수량褚遂良이 말하였다. "옛날 진秦나라 문공文公 때에 어린아이가 변하여 꿩[雉]이 되었는데, 암꿩[雌]은 진창陳倉에서 울고 수꿩[雄]은 남양南陽에서 울었습니다. 어린아이가 말하기를 '수컷을 얻는 이는 왕王이 되고 암컷을 얻는 이는 패자霸者가 된다.' 하였는데, 문공이 마침내 패자가 되어 처음으로 보계사寶雞祠를 지었습니다. 후한 광무황제光武皇帝는 그 수컷을 얻어 남양南陽에서 일어나서 천하를 차지하였습니다." -《唐書》〈褚遂良傳〉

080

昆池碣石과 　 못은 곤지昆池, 산은 갈석碣石,
鉅野洞庭이라 　 늪은 거야鉅野, 호수는 동정洞庭이다.

【훈음】 昆 맏 곤　池 못 지　碣 돌 갈　石 돌 석
鉅(=巨) 클 거　野(=埜) 들 야　洞 골 동　庭 뜰 정

註解 昆池는 在雲南昆明縣하니 漢武欲通雲南하여 鑿昆明池하여 以習水戰하니 亦曰昆池라 碣石은 在北平郡黎城縣하니라 鉅野郡은 在泰山之東하고 洞庭湖는 在岳州大江之南과 彭蠡之西하니라

【훈음】 鑿 팔 착　黎 검을 려　彭 땅 이름 팽　蠡 나무 좀 려
【어휘】 漢武欲通雲南 : '鑿昆明池'의 설명을 참고하면 '통通'은 운남雲南을 정벌하여 소통함을 뜻함.

곤지昆池는 운남雲南 곤명현昆明縣에 있다. 한나라 므제는 운남을 통행하려 하여 곤명지를 파고서 수상 전투를 익혔는데, 또한 곤지라고 칭하기도 하였다. 갈석碣石은 북평군北平郡 여성현黎城縣에 있다. 거야군鉅野郡은 태산泰山의 동쪽에 있고 동정호洞庭湖는 악주岳州의 대강大江(양자강揚子江) 남쪽과 팽려彭蠡의 서쪽에 있다.

곤명지를 파다 鑿昆明池

장안長安에 운남의 곤명지昆明池를 본떠서 못을 판 것이다. 한나라 무제武帝가 판 곤명지는 지금 서안부西安府 성 안의 상림원上林苑 속에 있다. 무제는 곤명昆明의 이족夷族을 정벌하려 하였는데, 그 나라에 전지滇池가 있어서 마침내 못을 파서 본떠서 수상 전투를 연습하였으니 둘레가 40리였다. -《山堂肆考》〈地理池〉

CV747

081 曠遠綿邈하고 〈위에 나열된 산천山川이〉 광활하고 멀며,

巖岫杳冥이라 〈산의〉 바위와 봉우리가 높고 물이 깊어서 아득하다.

【훈음】 曠 빌 광 遠 멀 원 緜(=綿) 멀 면 邈 멀 막
巖(=岩) 바위 암 峀(=岫) 산봉우리 수 杳 깊을 묘 冥 어둑할 명
【어휘】 巖峀 : 산의 굴, 산의 봉우리.

註解 上文所列山川이 皆空曠而遙遠也라 巖峀는 山之岌嶪而不可登이요 杳冥은 水之淵深而不可測也라

【훈음】 岌 높을 급 嶪 높을 업

윗글에 나열한 산천이 모두 광활하고 멀다.

암수巖峀는 산이 높아서 오를 수 없는 것이요, 묘명杳冥은 물이 깊어서 헤아릴 수 없는 것이다.

CV748

Ⅳ. 처신과 치가의 길 處身治家之道

082 **治本於農**하여 〈제왕帝王의〉 다스림은 농사에 근본하여,

務玆稼穡이라 이 심고 거둠을 힘쓰게 한다.

【훈음】 治 다스릴 치 本 근본 본 於 어조사 어 農 농사 농
務 힘쓸 무 玆 이 자 稼 심을 가 穡 거둘 색

註解 帝王爲治에 必以農爲本하니 蓋君은 以民爲天하고 民은 以食爲天故也라 以農爲本이라 故必令專力於春稼秋穡하여 不奪其時也라

【어휘】 **帝王爲治 必以農爲本** : 《주례周禮》 〈태재太宰〉의 '구부九賦'에 대한 가공언賈公彦 소疏의 "선왕은 농사를 근본으로 삼았다.〔先王以農爲本〕"에서 유래한 것이다.

- **君以民爲天 民以食爲天** : 《사기史記》 〈육가열전陸賈列傳〉의 "임금은 백성을 하늘로 삼고, 백성은 먹는 것을 하늘로 삼는다.〔王者以民人爲天 而民人以食爲天〕"에서 유래한 것이다.

제왕이 정치할 때에는 반드시 농사를 근본으로 삼으니, 군주는 백성을 하늘로 여기고 백성은 먹는 것을 하늘로 여기기 때문이다.

농사를 근본으로 삼기 때문에 반드시 백성들로 하여금 봄에 심고 가을에 거두는 일에 오로지 힘쓰도록 하여, 그 농사짓는 시기를 빼앗지 않는 것이다.

CV750

083 **俶載南畝**하고 비로소 앞밭에서 일하고,
我藝黍稷하니라 내가 기장과 피를 심는다.

【훈음】 俶 비로소 **숙** 載 일할 **재** 南 남쪽 **남** 畝(=畒) 이랑 **무/묘**
我 나 **아** 藝 심을 **예** 黍 기장 **서** 稷 피 **직**
【어휘】 南 : 《광주천자문光州千字文》·《석봉천자문石峰千字文》에서는 '앏 남'으로 풀이하였다. 남쪽을 '앞'으로 나타낸 것이다.

註解 詩小雅大田篇之詞니 言始事於南畝也라 詩小雅楚茨篇之詞니 有田祿而奉祭祀者가 自言種其黍稷也라

〈'숙재남무俶載南畝'는〉《시경詩經》〈소아小雅 대전大田〉의 가사이니, 비로소 남쪽 이랑에서 일함을 말한 것이다.
〈'아예서직我藝黍稷'은〉《시경》〈소아小雅 초자楚茨〉의 가사이니, 전록田祿(채전采田의 봉록)이 있어 제사를 받드는 스스로 기장과 피를 심음을 말한 것이다.

084 **稅熟貢新**하고 익은 곡식을 조세租稅 받으며 새로운 토산물을 공물貢物 바치고,
勸賞黜陟이라 〈권농관勸農官이〉 권면하며 상주고 〈게으른 자를〉 내치며 〈부지런한 자를〉 올려준다.

【훈음】 稅 징수할 **세** 熟 익을 **숙** 貢 바칠 **공** 新 새 **신**
勸 권할 **권** 賞 상줄 **상** 黜 물리칠 **출** 陟 오를 **척**
【어휘】 勸賞黜陟 : 농사를 권장하여 상을 주어 위로하고, 이어서 1년의 성과를 헤아려서 게으른 자를 내치며 부지런한 자를 나아가게 하여 그들에게 각각 농사에 힘쓰도록 한다.

註解 稅以田畝하되 必用熟以備國用하고 貢以土産하되 必用新以薦宗廟니라 田事既成이어든 農官이 賞其勤者以勸之하고 黜其惰者以戒之하니 陟亦賞也라

【훈음】 薦 드릴 **천** 廟 사당 **묘** 勤 부지런할 **근**

농토〔田畝〕에서 조세를 받되 반드시 익은 것을 사용하여 국가의 쓰임에 대비하고, 토산물을 바치되 반드시 새 것을 사용하여 종묘에 올린다. 농사〔田事〕가 이루어지고 나면 권농관이 부지런한 자에게 상을 주어 권면하고 게으른 자를 내쳐 경계한다. 척陟도 상을 주는 뜻이다.

CV752

085 孟軻敦素하고 — 맹자孟子는 〈어머니와 자사子思에게〉 소양素養을 두터이 쌓았으며,

史魚秉直이라 — 사어史魚는 〈죽어 시체가 되어서도 임금을 바르게 인도하는〉 곧음을 지녔다.

【훈음】 孟 맏 맹　軻 수레 가　敦 도타울 돈　素 순수할 소
史 역사 사　魚 물고기 어　秉 잡을 병　直 곧을 직

註解 孟子는 名軻니 幼被慈母之敎하고 長遊子思之門하여 厚其素養也하시니라 史魚는 衛大夫니 名鰌요 字子魚니 有尸諫하니라 孔子曰 直哉라 史魚여 邦有道에 如矢하며 邦無道에 如矢라하시니라

【훈음】 鰌 미꾸라지 추　尸 시체 시
【어휘】 子思 : 공자의 손자 공급孔伋의 자字. 증자曾子에게서 공자의 학문을 전수받았으며, 공자의 뜻을 기술하여 《중용中庸》을 지었다.

맹자는 이름이 가軻이니, 어려서는 자애慈愛로운 어머니의 가르침을 받고 장성長成해서는 자사子思의 문하에서 공부하여 평소 수양을 두터이 하였다.

사어史魚는 춘추시대 위衛나라 대부이니, 이름이 추鰌이고 자字가 자어子魚인데 죽어서도 시신尸身으로 간하였다. 《논어論語》 〈위령공衛靈公〉 공자는 말하기를 "곧기도 해라, 사관 어魚여! 나라에 도道가 있을 때에도 화살대처럼 곧았으며, 나라에 도가 없을 때에도 화살대처럼 곧았다." 하였다.

맹가 孟軻

주흥사周興嗣가 《천자문千字文》을 지은 양梁나라 시대에는 맹자孟子가 아직 성인聖人이 되기 이전이므로 이름 '軻'를 기휘忌諱하지 않았다. 그리고 《맹자孟子》 책도 경서經書가 되지 않았다. 송宋나라에 이르러 추국공鄒國公에 봉해지고, 지성至聖(孔子)에게 배향配享되었으며, 《맹자》도 13경經의 하나로 편입되었다.

시체를 펼쳐놓게 하여 간언이 되게 하다 尸諫

춘추시대 위衛나라 대부大夫 사관史官 어魚의 고사이다. 사관 어魚가 병들어 죽으려 할 적에 그 아들에게 말하기를 "〈임금께서는〉 내가 거백옥蘧伯玉의 현명함을 자주 말씀드렸으나 등용하지 못하였고, 미자하彌子瑕의 부족함을 말씀드렸으나 물리치지 못하였다. 신하가 되어 살아서는 현인

CV753

을 등용시키지 못하며 부족한 자를 물리치지 못하였으니, 내가 죽거든 〈예법에 따라〉 정당正堂에서 상을 치르는 것은 부당하고 〈예법에 맞지 않는〉 실室에다 빈소殯所를 차리면 족하다." 하였다.

위나라 임금 영공靈公이 조문을 와서 그 까닭을 묻자, 아들은 아버지의 말로 임금에게 보고하였다. 임금은 즉시 거백옥을 불러서 귀하게 해주고 미자하를 물리쳤으며, 시신을 정당으로 옮겨 빈소를 차리게 하고 조문의 예를 마친 뒤에 떠나갔다. 살아서는 몸으로 간언하였고 죽어서는 시신으로 간언하였으니, 곧다고 이를 만하다. -《韓詩外傳》

086 **庶幾中庸**이면 〈사람이 능하기 어려우나 힘써〉 거의 중용中庸에 이르려면,

勞謙謹勅하라 근로勤勞하고 겸손謙遜하며 삼가고 경계해야 한다.

【훈음】 庶 거의 서 幾 거의 기 中 가운데 중 庸 떳떳할 용
勞 힘쓸 로 謙 겸손할 겸 謹 삼갈 근 勅(=敕·勑) 삼가할 칙

【어휘】 庶幾 : 거의.

註解 中庸은 不偏不倚無過不及而平常之理니 人所難能이나 而亦庶幾勉而至也라 勤勞謙遜하고 畏謹勅勉이면 則可以戒愼恐懼하여 而庶幾中庸也리라

【훈음】 偏 치우칠 편 倚 기울 의 遜 겸손할 손 愼 삼갈 신 懼 두려워할 구

【어휘】 戒愼恐懼 : 경계하고 조심하다. 《중용中庸》 1장의 "군자는 〈눈으로〉 아직 보지 않는 경우에도 경계하며, 〈귀로〉 아직 듣지 않는 경우에도 두려워한다.〔君子戒愼乎其所不睹 恐懼乎其所不聞〕"에서 줄여쓴 것이다.

중용中庸은 치우치지 않고 기울지 않으며 지나치거나 못 미침이 없어서 평상의 이치이니, 사람이 능하기 어려우나 또한 거의 힘써 이르도록 해야 할 것이다.

근로하고 겸손하며 삼가고 힘쓰면 계신공구戒愼恐懼(경계하고 조심함)하여 거의 중용中庸에 이를 수 있을 것이다.

CV754

087 **聆音察理**하고 〈지혜로운 사람은〉 소리를 들어 사물의 이치를 살피며,
鑑貌辨色이라 모습을 보아 그 기색氣色을 분별한다.

【훈음】 聆 들을 **령** 音 소리 **음** 察 살필 **찰** 理 이치 **리**
鑑(=鑒) 볼 **감** 貌(=貌·皃) 모양 **모** 辨 분별 **변** 色 얼굴빛 **색**

註解 上智之人은 則聆其聲音하여 而察其事理하니 如孔子聽子路鼓琴하고 而謂其有北鄙殺伐之聲者가 是也라 以容貌辭色으로 亦可以鑑其情辨其意하니 如齊桓公夫人之知欲伐衛와 管仲之知欲赦衛者가 是也라

【훈음】 鼓 탈 **고** 鄙 변방 **비** 赦 용서할 **사**

최상의 지혜를 가진 인물은 그 소리를 들어서 그 사물의 이치를 살피니, 예컨대 공자孔子가 자로子路의 거문고 연주를 듣고 "북쪽 변방의 살벌한 소리가 있다."라고 말한 것이 이것이다.

용모와 말과 얼굴빛을 가지고 또한 사람의 그 감정을 살펴보며 그 뜻을 분별할 수 있으니, 제나라 환공桓公의 부인이 위衛나라를 치려고 함을 안 것과 관중管仲이 위나라를 용서하려 함을 안 것이 이것이다.

공자가 자로의 거문고 연주를 듣다 孔子聽子路鼓琴

《논어論語》〈선진先進〉에 "공자가 '자로子路의 거문고(琴)를 어찌 나의 문 안에서 연주하는가.' 하였다."라고 하고, 주희朱熹의 《논어집주論語集註》에 "《공자가어孔子家語》에 '자로가 거문고를 연주하자 북쪽 변방의 살벌한 소리가 있었다.'라고 하니, 그 기질이 강하며 용감하여 중화中和에 부족하였으므로 그 소리에 나타나는 것이 이와 같았다."라고 하였다. '琴'은 '고 금'이므로, '고'라고 번역할 것이지만 편의상 '거문고'라고 하였다.(뒤의 '嵇琴阮嘯' 참조)

제나라 환공의 부인이 위나라를 치려고 함을 안 것과 관중이 위나라를 용서하려 함을 알다
齊桓公夫人之知欲伐衛 管仲之知欲赦衛

위희衛姬가 대답하였다. "분함이 넘쳐서 손과 발을 놀려 움직이는 사람은 공벌攻伐의 기색입니다. 지금 제가 임금인 당신을 바라보면 발을 드는 것이 높고 기색은 사나우며 음성은 높으니, 위나라를 칠 뜻이 있습니다."……다음날 조정에 임하자 관중管仲이 종종걸음 쳐서 나와 말하였다. "임금께서 조정에 임하는 데에 공손하면서 기운이 낮아지고 말이 느리니 나라를 칠 뜻이 없는 것이라, 이는 위나라를 놓아주려는 것입니다." 환공桓公이 말하기를 "맞았소." 하고, 마침내 위희를 세워서 부인夫人으로 삼고 관중을 호칭하여 중보仲父라고 하였다. -《列女傳》

CV755

088 **貽厥嘉猷**하니 〈군자君子는〉 그 아름다운 계책을 〈자손에게〉 남겨주니,

勉其祗植이라 〈좋은 도道를〉 경건하게 세우기를 힘써 〈아름다운 계책을 실추시키지 말아야 한다.〉

【훈음】 貽 끼칠 **이** 厥 그 **궐** 嘉 아름다울 **가** 猷(=猶) 꾀 **유**
勉 힘쓸 **면** 其 그 **기** 祗(=祇) 공경 **지** 植 심을 **식**

【어휘】 植 : 의미가 '樹·立'의 '세우다'인 경우는 독음이 '치'로 대응되는데, 전련·후련의 '色·極' 등의 입성운入聲韻에 의해 '식'으로 독음된 것으로 보인다.

註解 君子貽厥子孫에 當以嘉猷니 如蕭何以儉하고 楊震以淸하고 龐德公以安이 皆是善貽也라 勗其敬植善道하여 毋墜所貽之嘉猷也라

【훈음】 勗(=勖) 힘쓸 **욱** 墜 떨어질 **추**

군자는 그 자손들에게 물려주는 데에 마땅히 아름다운 계책으로 하여야 하니, 예를 들면 소하蕭何는 검소함을 물려주고, 양진楊震은 청렴함을 물려주고, 방덕공龐德公은 편안함을 물려줌과 같은 것이 모두 훌륭하게 물려준 것이다.

공경히 좋은 도道를 심는 데 힘써서, 물려주신바 아름다운 계책을 실추시키지 말아야 한다.

CV756

소하蕭何, 《만고제회도상》

양진楊震, 《삼재도회》

소하는 검소를 물려주다 蕭何貽之以儉

소하蕭何는 농지와 집을 반드시 궁벽한 곳에 두고, 담이 있는 집을 짓지 않도록 하고는 말하였다. "후손이 현명하면 나의 검소를 본받을 것이고, 현명하지 않더라도 세력가에게 〈가산家産을〉 빼앗기지 않을 것이다." - 《史記》〈蕭相國世家〉

양진은 청렴을 물려주다 楊震貽之以淸

왕밀王密이 황금 10근을 품고 와서 양진楊震에게 주자 양진이 말하였다. "옛 친구인 나는 그대를 알건만 그대는 옛 친구인 나를 알지 못하니, 어째서인가?" 왕밀이 말하였다. "〈이미 해가〉 저물어 밤이 되었으니, 아는 사람이 없습니다." 양진이 말하였다. "하늘이 알고 땅이 알고 내가 알고 그대가 아는데 어찌 아는 이가 없는가.〔天知神知我知子知 何謂無知〕" 왕밀은 부끄러워하고 나갔다.(《후한서後漢書》〈양진열전楊震列傳〉) 이 '천지天知·신지神知·아지我知·자지子知'를 사지四知라고 한다.

방덕공은 편안을 물려주다 龐德公貽之以安

유표劉表가 〈방덕龐德의 처자妻子가 앞에서 김매는 것을〉 가리키며 물었다. "선생께서 밭고랑에서 고생하면서 관직과 후한 녹봉을 기꺼이 받지 않으니, 후세에 무엇으로 자손에게 물려주시겠습니까." 방공龐公(방덕공)이 말하였다. "세상 사람들은 모두 위태로운 것을 물려주지만, 〈저는〉 지금 편안함을 물려줄 뿐입니다. 비록 물려주는 것이 다르지만 물려주는 것이 없는 것은 아닙니다." 유표는 감탄하면서 떠나갔다. - 《後漢書》〈龐公傳〉

089 **省躬譏誡**하고 〈신하는〉 몸을 반성反省하여 나무람을 받거나 경계할 것을 생각하고,

寵增抗極하라 〈임금의〉 영광이 늘어나 극도에 도달함을 우려해야 한다.

【훈음】 省 살필 **성** 躬(=躳) 몸 **궁** 譏 나무랄 **기** 誡 경계할 **계**
寵 사랑할 **총** 增 더할 **증** 抗 높을 **항** 極 다할 **극**

【어휘】 **抗極** : 성대하다. 항극亢極.

註解 人臣이 自省其躳하여 每念譏諷規誡之來하면 則自當難進而易退也라 榮寵愈增이면 當存亢極之憂니 古人之居寵思危는 以此也라

【훈음】 易 쉬울 **이** 愈 더욱 **유**
【어휘】 **難進而易退** : 《예기禮記》 〈유행儒行〉에서 인용하였다.
• **居寵思危** : 《서경書經》 〈주관周官〉에서 인용하였다.

신하가 스스로 그 몸을 살펴 매양 비판과 풍자[譏諷]와 엿봄과 경계가 올 것을 생각한다면, 스스로 마땅히 벼슬길에 나아감을 어렵게 여기고 물러나기를 쉽게 할 것이다.

영광이 더욱 늘어나면 마땅히 극도에 이르는 근심을 가져야 하니, 옛사람들이 영화에 처하면 위태로움을 생각한 것은 이 때문이었다.

CV757

090 **殆辱近恥**하니 〈신하가 부귀富貴해도 물러나지 않으면〉 위태로움과 욕을 당하여 치욕에 가까우니,

林皐幸卽이라 〈만족할 줄 알아〉 산림山林(재야在野)으로 나아가야 〈천성天性을 보전하기를〉 바랄 수 있다.

【훈음】 殆 위태로울 **태** 辱 욕할 **욕** 近 가까울 **근** 恥(耻) 부끄러울 **치**
林 수풀 **림** 皐(皋·臯) 언덕 **고** 幸 바랄 **행** 卽(=即) 나아갈 **즉**

【어휘】 林皐 : 숲이 있는 높은 언덕. 산림山林.

註解 老子曰 知足不辱하고 知止不殆라하니 人臣富貴而不能退하면 則必殆辱而近恥也라 旣有知止知足之志하면 則可幸就林皐之下하여 以全其天也라

노자老子가 《도덕경道德經》 〈입계立戒〉에서 말하기를 "만족할 줄을 알면 욕되지 않고, 그칠 줄을 알면 위태롭지 않다." 하였으니, 신하가 부귀하고서도 물러가지 않으면 반드시 위태로움과 욕을 당하여 치욕에 가깝게 될 것이다.

이미 그칠 줄 알고 만족할 줄 아는 뜻이 있으면, 산림 물가의 아래로 나아가 천성天性을 온전히 보전하기를 바랄 수 있다.

노자老子, 《만고제회도상》

CV758

091 **兩疏見機**하니 〈한나라 소광疏廣과 소수疏受〉 두 명의 소씨疏氏는 〈사직할〉 기미機微를 알아보았으니,

解組誰逼이리오 인끈[印綬]을 풀고 떠나감을 누가 〈가지 못하게〉 핍박하겠는가.

【훈음】 兩 두 량　疏 상소할 소　見 볼 견　機(=幾) 기미 기
解 풀 해　組 인끈 조　誰 누구 수　逼(=偪) 핍박할 핍

註解 兩疏는 漢太傅疏廣과 及其兄子少傅疏受라 上疏乞骸骨하니 蓋見幾而作也라 解脫印紱하고 浩然長往하니 誰能逼迫而尼其行哉리오

【훈음】 紱 인끈 불　尼 막을 니

【어휘】 乞骸骨 : 퇴직을 요청하다. 해골骸骨(몸)을 고향으로 돌아가 장사지낼 수 있게 해달라는 뜻이다.
• 浩然 : 물이 흐르듯이 그칠 수 없음의 형용.

두 소씨는 한나라 때의 태부太傅 소광疏廣과 그의 조카인 소부少傅 소수疏受이다. 상소하여 사직하기를 원하였으니, 기미를 보고 떠나간 것이다.

인수印綬를 풀어놓고 물 흘러가듯이 떠나갔으니, 누가 〈가지 못하게〉 핍박하여 그의 떠나감을 막을 수 있겠는가.

기미 機

기機는 幾(기미機微 기)와 옛날에 통용하였는데, 작다는 뜻이다. 《주역周易》 〈계사 하繫辭下〉에 "기幾는 움직임이 작은 것이다.〔幾者 動之微〕 군자는 기미를 보고 동작하여 종일을 기다리지 않는다."라고 하였다.

CV759

092 索居閒處하고 〈은퇴 후〉 홀로 살아 한가롭게 거처하고,
沈黙寂寥라 〈남들에게 드러나지 않게〉 조용하고 고요히 산다.

【훈음】 索 홀로 삭 居 살 거 閒(≒閑) 한가할 한 處 살 처
沈(=沉) 잠잠할 침 黙 잠잠할 묵 寂 고요할 적 寥 고요할 료
【어휘】 索 : 독음은 '삭'. 《예기禮記》〈단궁 상檀弓上〉의 "무리를 떠나 흩어져 산다.〔離群而索居〕"에 대하여 〈음의音義〉에 "실悉과 각各의 반절反切이니 흩어짐과 같은 뜻이다."라고 하였다.

註解 散居而靜處하니 卽休退者之事也라 沈黙은 不與人上下言議也요 寂寥는 不與人追逐過從也라

【어휘】 過從 : 서로 왕래하다.

한가로이 살며 조용히 거처하니, 바로 벼슬을 그만두고 물러난 사람의 일이다.

침묵沈黙은 남들과 언론에 오르내리지 않는 것이고, 적료寂寥는 남들과 따라다니고 왕래하지 않는 것이다.

093 求古尋論하고 〈군자君子는 한가할 때〉 옛것을 구하며 의논을 찾고,
散慮逍遙라 잡념을 흩어 버려 소요자적逍遙自適해야 한다.

【훈음】 求 구할 구 古 옛 고 尋 찾을 심 論 의논 론
散(=散) 흩을 산 慮 생각할 려 逍 거닐 소 遙 거닐 요

註解 君子閒居에 必有事焉하여 求古人之出處本末하여 而尋索討論하니 則身雖退로되 而有補於世教가 大矣라 又當散其思慮하여 不以世事攖其心하고 逍遙而自適也라

【훈음】 索 찾을 색 攖 어지러울 영 適 편안할 적

군자가 한가롭게 거처할지라도 반드시 일삼는 것이 있어 옛사람의 벼슬함과 은둔함에 대한 본말을 찾아 토론하니, 몸이 비록 물러났더라도 사회 교화에 도움이 있는 것이 크다.

또 마땅히 그 사려를 흩어 세상일로 마음을 어지럽히지 않고 소요하며 유유자적悠悠自適해야 한다.

CV760

'의논'을 찾다 尋論

'論'은 평측平仄 양운兩韻인 바, 여기서는 측성仄聲 '의논'으로 독해한다. 평성平聲 운각韻脚 '요遙'의 출구각出句脚이기 때문에 측성이어야 한다. 전후의 출구각이 모두 측성인 점으로 보아 이 '論'도 측성으로 보인다. '論'의 '의논하다'라는 동사의 평성 원운元韻과 '의논'이라는 명사의 거성 원운願韻(측성仄聲)에서, '尋論'을 측성 즉 명사에 의한 풀이로 '의논을 찾다'로 독해하고, '찾아 의논하다'로 독해하지 않아야 한다.

094 欣奏累遣하고　〈잡념을 흩어버리면〉 기쁜 정은 나아오고 나쁜 일은 물러가며,

感謝歡招라　근심은 사라지고 기쁨이 오게 된다.

【훈음】 欣(=忻·訢) 기쁠 흔　奏 나아올 주　累 얽매일 루　遣 보낼 견
感(=慽·戚) 근심 척　謝 사라질 사　歡(=懽·驩) 기쁠 환　招 부를 초

註解 言居閒散慮하면 則欣賞之情自進하고 而冗累之事自退矣라 疚慼之思日去하고 而歡樂之趣日來矣라

【훈음】 冗 잡될 용　疚 근심할 구　趣 흥미 취

한가히 살아 잡념을 흩어버리면 기쁘게 감상하는 정이 저절로 나아오고, 잡되게 얽매이는 일이 저절로 물러간다고 말한 것이다.

근심스런 생각이 날마다 떠나가고 기쁜 흥취가 날마다 올 것이다.

CV762

095 渠荷的歷하고 〈여름에〉 도랑의 연꽃은 선명하고,
園莽抽條니라 〈봄에〉 동산의 풀은 푸르고 우북이 빼어난 가지가 뻗어 오른다.

【훈음】 渠 개천 거 荷 연꽃 하 的 밝을 적 歷 밝을 력
園 동산 원 莽(=莾) 풀 망 抽 빼낼 추 條 가지 조
【어휘】 的歷 : 광채가 빛나는 모양.

註解 溝渠之荷가 當夏盛開하여 的歷然芳香可挹也라 園林之艸가 方春交翠하여 蒙茸然抽條可愛也라

【훈음】 溝 도랑 구 挹 들이마실 읍 艸(=草) 풀 초 翠 푸를 취
【어휘】 蒙茸 : 초목이 무성하다.

개천의 연꽃이 여름을 맞아서 무성하게 피어서 선명히 아름다운 향기는 손으로 잡을 만하다.
과수원 숲의 풀이 봄을 맞아 서로 푸르러서 우북히 빼어난 가지를 귀여워할 만하다.

096 枇杷晚翠하고 비파枇杷나무는 〈추운 철에 꽃피어〉 늦도록 푸르고,
梧桐早彫라 오동잎은 〈가을 기운에〉 일찍 시들어 맨 먼저 떨어진다.

【훈음】 枇 비파나무 비 杷 비파나무 파 晚 늦을 만 翠 푸를 취
梧 오동 오 桐 오동 동 早(=蚤) 이를 조 彫(=凋) 시들 조

註解 枇杷는 値寒節而乃花라 故曰晚翠라하니라 梧桐은 得金氣而先零이라 故曰早彫라하니라

【훈음】 値 만날 치 零 떨어질 령
【어휘】 金氣 : 가을 기운. '金'은 오행五行에 의거하면 계절 중 가을에 해당한다.

비파나무는 추운 철을 만나야 꽃이 피므로, '늦도록 푸르다.'고 하였다.
오동나무는 가을 기운(金氣)을 얻으면 맨 먼저 잎이 떨어지므로 '일찍 시든다.'고 하였다.

CV763

097 陳根委翳하고 〈온갖 풀은 겨울에〉 묵은 뿌리가 시들어 죽고,

落葉飄颻라 〈나무가 서리를 맞으면〉 떨어지는 앙상한 잎이 나부껴 춤춘다.

【훈음】 陳 묵을 진 根 뿌리 근 委(≒萎) 시들 위 翳 말라죽을 예
落 떨어질 락 葉 잎사귀 엽 飄(=飆) 나부낄 표 颻 나부낄 요

【어휘】 委翳 : 시들어 끊어지다.

註解 百艸至冬而枯零하여 陳宿之根이 委蔽於地也라 萬木經霜而搖落하여 蕭疎之葉이 飄舞於空也라

【훈음】 枯 마를 고 零 떨어질 령 宿 오랠 숙 蔽(≒敝) 폐기될 폐
經 겪을 경 搖 흔들 요 蕭 쓸쓸할 소 疎 드물 소

【어휘】 陳宿 : 오래 묵어 낡다.
- 委蔽 : 시들어 폐기되다.
- 搖落 : 흔들려 떨어지다.
- 蕭疎 : 드물고 적다.
- 飄舞 : 바람을 따라 춤추듯이 흔들리다.

온갖 풀이 겨울이 되면 마르고 떨어져 묵은 뿌리가 땅에서 시들어 폐기된다.
온갖 나무가 서리를 맞으면 낙엽이 지고 앙상한 잎이 공중에 나부낀다.

CV765

098 **遊鯤獨運**이라가 〈북해北海의〉 노니는 곤어鯤魚는 홀로 〈바다에서〉 돌아다니다가

凌摩絳霄라 〈때를 만나면 붕새〔鵬〕(영웅)가 되어〉 불그레한 하늘〔絳霄〕(비상할 곳)에 솟구쳐 다다른다.

【훈음】 遊(≒游) 놀 유　鯤(≒鵾) 곤어 곤　獨 홀로 독　運 움직일 운
凌(≒淩) 솟구쳐오를 릉　摩 이를 마　絳 붉을 강　霄 하늘 소

【어휘】 絳霄 : 불그레한 하늘. 북극에서 남쪽을 볼 때 남방의 붉은 색을 빌어 비유한 것이다.

註解 鯤은 莊周所謂北溟之魚니 其遊也獨運於滄海라 鯤은 俗本作鵾하니 誤라 鯤化爲鳥하면 其名曰鵬이니 背負靑天하여 一飛九萬里하니 卽凌摩絳霄也라 此는 喩人之飛騰潛運이 各有時也라

【훈음】 溟 바다 명　鵬 붕새 붕　騰 오를 등

곤鯤은 장자莊子(장주莊周)가 말한 북명北溟(북해北海)의 물고기이니, 이것이 놀 때에는 홀로 푸른 바다에서 옮겨 다닌다. '곤鯤'은 속본俗本에 '곤鵾'으로 되어 있는데, 오자이다.

곤鯤이 변하여 새가 되면 그 이름을 붕새라 하는데, 등에 푸른 하늘을 지고 한 번에 9만 리를 나니, 바로 붉은 하늘〔絳霄〕에 솟구쳐 다다르는 것이다. 이는 사람이 날아오르듯 할 때와 침체되는 운수가 각각 때가 있음을 비유한 것이다.

'곤鯤'은 속본俗本에 '곤鵾'으로 되어 있다 鯤俗本作鵾

곤鵾은 학鶴과 비슷한 일종의 새가 본의本義이다. 그러나 《한어대사전漢語大詞典》에는 "'鵾'은 '鯤'과 동일하게 사용한다. 큰 물고기이다.〔鵾 同用鯤 大魚〕"라고 하여, '鯤'과 동자同字 관계를 인정하였다. '鵾'은 '鯤'의 통용자이다.

CV766

099 **耽讀翫市**하니 〈한漢나라 왕충王充이〉 글 읽기를 즐겨 시장 책방에서 책을 보니,

寓目囊箱이라 〈사람들의 말에〉 눈을 붙여 책을 보면 글주머니와 상자에 책을 담아두는 듯이 기억하였다고 하였다.

【훈음】 耽 즐길 **탐** 讀 읽을 **독** 翫(≒玩) 익힐 **완** 市 시가 **시**
寓 붙일 **우** 目 눈 **목** 囊 주머니 **낭** 箱 상자 **상**

註解 漢上虞王充이 家貧하여 好學而無書일새 每向書肆하여 覽其書하면 終身不忘하니라 人稱王充寓目囊箱이라하니 以其一寓目하면 輒不忘하여 如貯書於囊箱之中也라

【훈음】 肆 가게 **사** 覽 볼 **람** 輒 문득 **첩**

한漢나라 때 상우上虞에 사는 왕충王充은 집이 가난하여 학문을 좋아하였으나, 책이 없었으므로 매양 책 가게로 가서 그 책을 보면 종신토록 잊지 않았다.

사람들은 '왕충이 눈을 붙여 책을 보면 글주머니와 책상자에 책을 넣어두는 것이나 마찬가지다.' 하였으니, 한 번만 눈을 붙여 보면 잊지 아니하여 글주머니와 책상자 속에 책을 넣어둔 것과 같았기 때문이다.

완翫과 완玩은 통용

《주해註解》에서는 "'翫'은 '玩'(손에 가지고 놀 완)과는 다르다. '玩'은 손에 가지고 놀음이다." 하여, 두 글자의 의미 차이를 변별하였다. 《중문대사전中文大辭典》에서는 "'翫'은 '玩'(익힐 완)과 통한다." 하여, '익힐 완'일 경우는 두 글자가 '玩'을 '翫'의 통용으로 인정하였다.

왕충 王充

27~97년. 후한의 사상가. 자는 중임仲任. 반표班彪에게 수학하였다. 자연론自然論을 지지하고 미신을 반대하였다. 잠시 하급관리로 있은 적도 있으나 대부분의 생애를 오직 학문 연구에 전념하여, 전국시대 제자諸子의 설과 당시의 정치·속설俗說 등 다방면의 문제를 다루어 실증적이고 합리적인 비판을 가한 《논형論衡》을 지었다.

CV767

100 易(이)輶攸畏니 〈군자는 말을〉 쉽고 가볍게 하는 것을 두려워하는 바이니,

屬耳垣牆이니라 〈사람들의〉 귀가 담장에 붙어 있다.

【훈음】 易 쉬울 이 輶 가벼울 유 攸 바 유 畏(=畏) 두려워할 외
屬 대일 촉 耳 귀 이 垣 담 원 牆(=墻) 담 장

註解 此는 言言不可不愼也라 輕易其言하면 則必致差失하니 君子之所畏也라 詩曰 君子無易由言이어다 耳屬于垣이라하니 言不可易於其言하니 恐耳屬于垣也라

【훈음】 愼 삼갈 신 差 그릇될 차
【어휘】 由言 : 말을 하다.

이것은 말을 삼가지 않으면 안 됨을 말한 것이다. 말을 함부로 하면 반드시 실수를 저지르니, 이는 군자가 두려워하는 바이다.

《시경詩經》〈소반小弁〉에 이르기를 "군자는 말을 함부로 하지 말지어다. 사람들의 귀가 담장에 붙어 있다." 하였다. 이는 말을 함부로 해서는 안 되니, 귀가 담장에 붙어 있을까 우려해야 한다고 말한 것이다.

귀를 붙이다 屬耳

《한어대사전漢語大詞典》에는 "'屬耳'는 귀를 물건에 대는 것이다. 늘 몰래 듣는 것을 말한다.〔以耳觸物 常謂竊聽〕"라고 하여, '屬'을 닿아 있다〔觸〕로 풀이하였다. '屬'은 "니을 쵹連也 부틸 쵹附也 권당 쇽親眷"이라고 하여 '부칠 촉'과 '살붙이 속'으로 구분하여 '屬耳'가 '촉이'라야 하는데, 현재 '속이'로 통용되고 있다.

CV768

101 **具膳湌飯**하니 〈음식은〉 반찬을 갖추어 밥을 먹으니,
適口充腸이라 입에 맞게 배를 채워 〈굶주리지 않을〉 뿐이다.

【훈음】 具 갖출 구 膳 반찬 선 湌(=餐·飧·飱·飡) 먹을 찬 飯 밥 반
適 맞을 적 口 입 구 充 채울 충 腸 창자 장

註解 備膳而啖飯은 日用飮食之常也라 飮食은 只當適吾之口하고 充吾之腸하여 不飢而已요 不可侈也라

【훈음】 啖 먹을 담 飢 주릴 기 侈 사치할 치

반찬을 갖추어 밥을 먹는 것은 일상생활에 마시고 먹는 일상적인 것이다. 음식은 다만 내 입에 맞게 하고 내 창자를 채워 굶주리지 않게 해야 할 뿐이요, 사치스럽게 해서는 안 된다.

'湌'의 독음은 찬·손

《주해註解》에 "湌은 먹을 찬(啖), 밥 손(夕食 同飱)"이라 하여, '湌'의 '찬' 독음은 '먹다', '손' 독음은 '밥'으로 제시하였다. 그러나 '찬' 음이 '만찬晩湌'(저녁밥) 등에 쓰여, '손'으로 읽는 경우와 혼용되었다. '湌'은 현재 자형이 '餐'으로 널리 쓰이고 있다.

102 **飽飫烹宰**하고 배부를 때는 도살하여 삶은 고기라도 싫증나고,
飢厭糟糠이라 굶주릴 때는 지게미와 겨도 배부르게 먹는다.

【훈음】 飽 배부를 포 飫 실컷 먹을 어 烹 삶을 팽 宰 짐승 잡을 재
飢(=饑) 주릴 기 厭(≒饜) 만족할 염 糟 술지게미 조 糠(=穅) 겨 강
【어휘】 烹宰 : 짐승을 잡아 삶다.

註解 方其飽時하여는 則雖烹宰珍品이라도 亦厭飫而不嘗矣라 及其飢也하여는 則雖糟糠薄具라도 必厭足而甘美矣라

【훈음】 方 당할 방

배부를 때에는 비록 도살하여 삶은 고기의 진귀한 식품이라도 또한 실컷 물려서 먹지 않는다. 굶주릴 때는 비록 술지게미와 쌀겨의 하찮은 차림이라도 반드시 만족하여 달고 아름다워한다.

CV769

103 **親戚故舊**는 친척과 오랜 친구[故舊]는

老少異糧이라 늙고 젊음에 따라 음식을 달리한다.

【훈음】 親 동성 친속 **친** 戚 이성 친속 **척** 故 오랠 **고** 舊 옛 **구**
老 늙을 **로** 少 젊을 **소** 異(=異) 다를 **이** 糧(=粮) 양식 **량**

註解 同姓之親曰親이요 異姓之親曰戚이요 舊要曰故舊니 皆有品節也라 老者는 非帛不煖하고 非肉不飽하며 少者亦宜節其飮食하고 愼其愛養이니 禮所謂十五以上老少異食이 是也라

【훈음】 帛 비단 **백** 煖 따뜻할 **난** 飽 배부를 **포** 節 조절할 **절**
【어휘】 **舊要** : 오래 사귀다.〔故交〕
- **非帛不煖 非肉不飽** : "50살에는 비단이 아니면 따뜻하지 않고, 70살에는 고기가 아니면 배부르지 않다.〔五十非帛不煖 七十非肉不飽〕"에서 줄여 인용한 것이다.(《맹자孟子》 〈진심 상盡心上〉)
- **十五** : '五十'을 잘못 쓴 것으로 보인다. "50살에는 양식을 달리한다. 50살에는 쇠약해지기 시작하여 양식을 마땅히 스스로 달리하여 소년·장년과 같게 해서는 안 된다.〔五十始衰 糧宜自異 不可與少壯者同也〕"에 의거한 것이다.(《예기禮記》 〈왕제王制〉 위식衛湜 집설集說)

같은 성의 친속親屬을 친親이라 하고, 다른 성의 친속을 척戚이라 하며, 오래 사귄 사람을 고구故舊라 하니, 모두 품절品節(등급)이 있다.

늙은이는 비단옷이 아니면 따뜻하지 않고 고기가 아니면 배부르지 않으며, 젊은이도 마땅히 음식을 절제하고 아껴 양육함을 신중히 해야 하니, 예禮에 이른바 '15세 이상은 늙은이와 젊은이가 음식을 달리한다.'는 것이 이것이다.

CV771

104 **妾御績紡**하고 〈침실에는〉 첩이 실잣기를 하고,

侍巾帷房이라 장막 친 방에서 수건을 들고서 〈남편을〉 모신다.

【훈음】 妾 첩 첩 御 첩 어 績 실 자을 적 紡 실 자을 방
侍 모실 시 巾 수건 건 帷 휘장 유 房 방 방

註解 妾御는 妾也라 然自王后織紞으로 至庶士以下之衣其夫에 皆有其職하니 紡績이 豈止於妾이리오 此偶不言妻耳라 侍巾櫛於帷房之內者는 亦妻妾之事也라

【훈음】 紞 면류관 끈 담 櫛 빗 즐 偶 우연 우

【어휘】 굉紘은 면류관 끈이 매어져 남음이 없는 것이고, 연綖은 면류관 위의 덮개이다. 내자內子는 경卿의 정실 아내이고, 대대大帶는 검은 허리띠(緇帶)이며, 명부命婦는 대부大夫의 아내이다. 열사列士는 원사元士(상사上士)이고 서사庶士는 하사下士이다.

첩어妾御는 첩妾이다. 그러나 면류관 끈을 짜는 왕후王后로부터 남편의 옷을 해 입히는 서사庶士 이하의 아내에 이르기까지 모두 그 직분이 있으니, 실을 잣는 것이 어찌 첩에게만 국한되겠는가. 이는 우연히 아내를 말하지 않았을 뿐이다.

수건과 빗을 가지고 휘장 친 방 안에서 〈남편을〉 모시는 것은 또한 처첩의 일이다.

왕후王后로부터 서사庶士 이하의 아내까지 남편의 복식服飾을 만든다

왕후王后는 직접 왕의 검은 면류관 끈을 짜고, 공公·후侯의 부인은 검은 면류관 끈에 갓끈과 면류관의 덮개(紘綖)를 더 짜며, 경卿의 내자內子(아내)는 그 외에 허리에 차는 대대大帶(큰 띠)를 더 만들고, 대부大夫의 아내(命婦)는 그 외에 제복祭服을 더 만들고, 상사上士(열사列士)의 아내는 제복에다 조복朝服을 더 만들고, 하사下士(서사庶士)로부터 그 아래는 모두 그 남편의 옷을 더 만든다. -《國語》〈魯語 下〉

CV772

105 紈扇圓潔하고　비단 부채는 둥글며 깨끗하고,

銀燭煒煌이라　〈밀로 만든〉 은빛 같은 촛불[銀燭]은 휘황輝煌하다.

【훈음】 紈 흰 비단 환　扇 부채 선　圓 둥글 원　潔(=絜) 깨끗할 결
銀 은 은　燭 촛불 촉　煒 빛날 위　煌 빛날 황

註解 裁紈爲扇하니 團圓潔白也라 潔은 唐本作絜하니 誤라 古者에 束薪爲燭이러니 後世에 用蠟燭하니 其光明如銀이라 故曰銀燭이라 煒煌은 亦光明之意라

【훈음】 裁 마름질할 재　團 둥굴 단　薪 섶 신　蠟 밀 랍

흰 깁을 잘라 부채를 만드니, 둥글고 깨끗하다. 결潔은 당본唐本(중국판본中國板本)에 결絜로 되어 있으니, 잘못이다.

옛날에는 섶을 묶어 촛불을 만들었는데, 후세에는 밀로 만든 촛불을 사용하니, 그 밝음이 은빛과 같으므로 은촉銀燭이라 말한 것이다. 위황煒煌은 또한 광명의 뜻이다.

결絜은 '묶을 결', 또는 결潔의 본자

《형음의정합대자전形音義綜合大字典》에 "'絜'은 '묶는다'는 뜻이다. 멱糸(가는 실 멱)을 따르고 할㓞(새길 할)이 소리이다. 끈을 매고 묶어 합하는 뜻이므로, '糸'을 따랐다." 하고, 《설문단주說文段注》에 "묶음은 반드시 에워싸므로 인신되어 위도圍度(범위척도범위척도範圍尺度)를 '絜'이라고 하였다. 묶으면 산만하지 않으므로 또 인신되어 결정潔淨(깨끗함)이 되었는데, 속자로는 '潔'로 쓰고, 경전에는 '絜'(깨끗할 결)로 쓴다." 하였다.

결絜은 본래 음의音義가 '묶을 결'이고, 이에 의하면 번역이 '비단 부채는 둥글어 묶였다.'로 된다. 그리고 '絜'은 인신되어 '깨끗할 결'이 되었는데 이 경우 속자가 潔로 되는 것이다. 다시 말하면 속자 '潔'의 본자는 '絜'이 되는 것이다. '絜'로 쓴 것은 '묶을 결', 또는 '潔의 본자本字'이므로 잘못이 아니다.

CV773

106 晝眠夕寐하니 낮에 졸고 저녁에 자니,

藍筍象牀이라 남색藍色의 죽순竹筍 자리와 상아象牙 장식 침상이다.

【훈음】 晝 낮 주 眠 잘 면 夕 저녁 석 寐 잘 매
藍 푸를 람 筍(=笋) 죽순 순 象 코끼리 상 牀(=床) 상 상

【어휘】 藍筍 : 《천자문석의千字文釋義》는 '푸른 대나무 자리[席]'로 풀이하였는데, 이를 따랐다. 《주해註解》는 '籃筍'이 옳다고 하여 '대나무로 엮은 가마[輿]'로 풀이하였다. 침실에는 '자리'가 '가마'보다 잘 어울린다.

註解 晝而眠하고 夕而寐는 閒人自適之事라 然宰我晝寢이어늘 孔子比於朽木糞牆하시니 君子惟當夙興而夜寐也라 藍은 恐當作籃이니 籃筍은 籠竹爲輿也라 象牀은 桯笫니 間以象骨飾之者라

【훈음】 糞 더러울 분 牆 담장 장 籃 대나무 가마 람
籠 바구니 만들 롱 輿 가마 여 桯 안석 정 笫 자리 자

【어휘】 宰我 : 공자의 제자. 이름이 여予, 자가 아我.
- 宰我晝寢 孔子比於朽木糞牆 : 《논어論語》 〈공야장公冶長〉의 "재여宰予가 낮잠을 자자 공자가 말하기를, '썩은 나무는 조각할 수 없고 더러운 흙의 담장은 바를 수 없다.' 하였다."에 의거한 것이다.

낮에 졸고 저녁에 잠자는 것은 한가로운 사람이 유유자적하는 일이다. 그러나 재아宰我가 낮잠을 자자 공자는 썩은 나무와 더러운 담장에 비유하였으니, 군자는 오직 마땅히 일찍 일어나고 밤늦게 자야 한다.

'람藍'은 '람籃'이 되어야 할 듯하니, 남순籃筍은 대나무를 바구니로 엮어 가마를 만든 것이다. 상상象牀은 정자桯笫(안석 자리)이니, 그 사이에 코끼리뼈로 꾸민 것이다.

CV774

107 絃歌酒讌하고　〈연회宴會는〉 현악기絃樂器로 노래하며 술로 잔치하고,

接杯擧觴이라　술잔을 주고받는 것은 기쁨을 더하는 것이다.

【훈음】 絃(=弦) 줄 현　歌 노래할 가　酒 술 주　讌(=燕·宴) 잔치 연
接 받을 접　杯(=盃) 잔 배　擧(=舉) 들 거　觴 잔 상

註解 絃歌迭奏는 所以侑酒也요 杯觴交錯은 所以飾歡也라

【훈음】 迭 번갈아 질　奏 연주할 주　侑 권할 유　錯 교차할 착

- **A所以B也** : A는 B하는 것이다

현악기로 노래하여 번갈아 연주함은 술을 권하는 것이고,
술잔을 오고가게 함은 기쁨을 짓는 것이다.

108 矯手頓足하니　손을 들고 발을 굴려 춤추니,

悅豫且康이라　기쁘고 또 편안하다.

【훈음】 矯 들 교　手 손 수　頓 구를 돈　足 발 족
悅 기쁠 열　豫(=預) 기쁠 예　且 또 차　康 편안 강

註解 矯頓은 手舞足蹈之貌라 絃觴歌舞는 所以悅豫而康樂也라

교矯와 돈頓은 손으로 춤추고 발로 뛰는 모양이다.
현악기를 타며 술잔을 올리고 노래하며 춤추는 것은 기뻐하여 편안하게 즐기는 것이다.

CV775

109 **嫡後嗣續**하여 〈대물림은〉 적통嫡統 후계자로 이어가서

祭祀蒸嘗이라 제사는 〈겨울의〉 증蒸제사와 〈가을의〉 상嘗제사를 지낸다.

【훈음】 嫡(=適) 아내 아들 **적** 後 후계자 **후** 嗣 이을 **사** 續 이을 **속**
祭 제사 **제** 祀 제사 **사** 蒸(≒烝) 겨울 제사 **증** 嘗(=甞) 가을 제사 **상**

註解 嫡後는 嫡長之爲後者요 嗣續은 繼其代也라 言祭祀之禮也니 只擧秋嘗冬蒸이나 而春祠夏禴도 亦可包也라

【훈음】 祠 봄 제사 **사** 禴 여름 제사 **약**

적후嫡後는 적장자嫡長子(맏아들)로 후계자가 된 사람이고, 사속嗣續은 그 대代를 잇는 것이다. 제사의 예禮를 말한 것이니, 가을의 상제嘗祭와 겨울의 증제蒸祭만을 거론하였지만 봄의 사제祠祭와 여름의 약제禴祭 또한 포함되는 것이다.

증상蒸嘗은 상증嘗蒸의 도치

《예기禮記》〈왕제王制〉에 말하기를 "봄 제사를 약礿이라 하고, 여름 제사를 체禘라 하고, 가을 제사를 상嘗이라 하고, 겨울 제사를 증烝이라 한다." 하였다. 증蒸·상嘗을 말하고 약禴·체禘를 말하지 않은 것은 글을 생략하여 운韻을 맞춘 것이다. '蒸嘗'은 춘하추동 4계절 제사의 순서로 하면 '礿禘嘗蒸'인데, 생략과 압운에 의한 도치로 인하여 '蒸嘗'이 되었다.

CV777

110 稽顙再拜하고 〈제사에〉 이마를 땅에 닿게 조아리며 두 번 절하고,

悚懼恐惶이라 두려워하고 두려워하여 엄숙하고 공경함이 지극하다.

【훈음】 稽 조아릴 **계** 顙 이마 **상** 再 두 번 **재** 拜 절 **배**
悚 두려워할 **송** 懼 두려워할 **구** 恐 두려워할 **공** 惶 두려워할 **황**

【어휘】 拜 : 머리가 땅에 닿는 절. 두 개의 수手(손 수)를 따르고 하丅(아래 **하** : 배拜 자의 오른쪽 수手 아래에 있는 '丅')를 따랐다. 두 개의 '手'를 아울러서 내리는 것이 '拜'이다.

註解 禮數之勤也요 嚴敬之至也라

의식의 절차〔禮數〕가 부지런하고, 엄숙하고 공경함이 지극한 것이다.

계稽는 가장 소중한 절

계수稽首는 배례拜禮 중에서 가장 소중한 것으로 신하가 임금에게 하는 절이다. 돈수頓首는 평등하여 서로에게 하는 절이다. 두 가지 절은 모두 머리가 땅에 닿지만 계수는 땅에 닿는 시간이 많고, 돈수는 땅에 닿고서 바로 들기 때문에 고지叩地(땅에 두들긴다)라고 말하였다. –《周禮註疏刪翼》

CV778

111 牋牒簡要하고 〈응대에〉 편지 문서[牋牒]는 간결簡潔·절요切要해야 하고,
顧答審詳이라 안부하며 답함[顧答]은 자세히 살펴서 해야 한다.

【훈음】 牋(=箋) 문서 **전** 牒 문서 **첩** 簡(=簡) 간결한 **간** 要 중요할 **요**
顧(=頋) 안부할 **고** 答 대답할 **답** 審 살필 **심** 詳 자세할 **상**

註解 啓上曰牋이요 平等曰牒이니 欲其簡嚴而要切也라 通候曰顧요 報覆曰答이니 欲其審辨而詳明也라

【훈음】 啓 아뢸 **고** 候 안부할 **후** 報 답할 **보** 覆 답할 **복** 辨 분변할 **변**

〈편지는〉 윗사람에게 아뢰는 것을 전牋이라 하고 평등한 사이에 보내는 것을 첩牒이라 하니, 간결·엄격하고 요점이 있으며 절실해야 한다. 안부를 통하는 것을 고顧라 하고 회답하는 것을 답答이라 하니, 살펴 분변하고 자세히 밝혀야 한다.

112 骸垢想浴하고 〈일상 생활은〉 몸에 때가 끼면 반드시 목욕할 것을 생각하고,
執熱願涼이라 손에 뜨거운 것을 잡으면 시원해지기를 원한다.

【훈음】 骸 뼈 **해** 垢 때 **구** 想 생각할 **상** 浴 몸 씻을 **욕**
執 잡을 **집** 熱 더울 **열** 願 원할 **원** 涼(=凉) 서늘할 **량**

註解 體有垢하면 則必思澡浴하고 手執熱하면 則必求清涼이라

【훈음】 澡 : 씻을 **조**
【어휘】 澡浴 : 목욕하다.

몸에 때가 있으면 반드시 목욕할 것을 생각하고, 손에 뜨거운 물건을 잡으면 반드시 시원해지기를 원한다.

CV779

113 驢騾犢特이 〈가축은〉 나귀와 노새와 송아지와 소가
駭躍超驤이라 〈우리에서 뛰쳐나와〉 놀라 뛰고 이리저리 달리며 펄쩍펄쩍 뛴다.

【훈음】 驢 나귀 려 騾(=贏) 노새 라 犢 송아지 독 特 소 특
駭 놀랄 해 躍 뛸 약 超 달릴 초 驤 달릴 양

註解 言時平民富하여 畜養蕃盛也라 駭躍은 放逸驚跳之貌요 超驤은 奔走騰踏之狀이라

【훈음】 蕃 무성할 번 逸 달아날 일 跳 뛸 도 騰 뛸 등 踏 밟을 답
【어휘】 畜養 : 사육하는 짐승.

세상이 평화롭고 백성들이 부유하여 기르는 가축이 번성함을 말한 것이다.
해약駭躍은 뛰쳐나와 놀라 뛰는 모양이고, 초양超驤은 달리고 뛰어 밟는 모양이다.

114 誅斬賊盜하고 〈환난의 방비는〉 도적을 목 베고,
捕獲叛亾이라 배반하며 도망한 자를 잡는다.

【훈음】 誅 벨 주 斬 벨 참 賊 해칠 적 盜 훔칠 도
捕 잡을 포 獲 잡을 획 叛(≒畔) 배반할 반 亾(=亡) 도망할 망

註解 有殘賊竊盜者하면 則聲罪而斷首하고 有叛負亾逸者하면 則擒獲而正法이라

【훈음】 殘 해칠 잔 斷 자를 단 負 배반할 부 逸 도망할 일 擒 사로잡을 금
【어휘】 聲罪 : 죄상罪狀을 발표하다.

해치며 훔친 자가 있으면 그 죄를 성토하여 머리를 베고,
배반하며 도망하는 자가 있으면 사로잡아 법을 바르게 집행한다.

CV781

115 布射僚丸하며 〈기용器用과 기예技藝로는〉 여포呂布는 활을 잘 쏘았고 웅의료熊宜僚는 탄환을 잘 놀렸으며,

嵇琴阮嘯라 혜강嵇康은 고〔琴〕를 잘 탔고 완적阮籍은 휘파람을 잘 불었다.

【훈음】 布 베 포 射 쏠 사 僚 동관同官 료 丸 탄자彈子 환
嵇 산 이름 혜 琴 고 금 阮 성 완 嘯 휘파람 소

註解 漢呂布는 射戟에 中小枝하여 解昭烈袁術兵하고 楚熊宜僚는 弄三丸에 以手遞承하여 旋轉不墜하니라 僚는 俗本作遼하니 誤라 魏嵇康은 善琴하여 廣陵散一曲이 妙絶當時하고 阮籍은 善嘯하여 嘗遇孫登於蘇門山하니 山有嘯臺는 卽孫阮嘯處라

【훈음】 戟 창 극 弄 희롱할 롱 遞 번갈아 체 承 받을 승
旋 돌 선 墜 떨어질 추 遼 멀 료 散 곡조 산

후한後漢 여포呂布는 극戟(창의 일종)에 활을 쏘아 작은 가지를 맞혀 소열昭烈(유비劉備)과 원술袁術의 군대를 해산시켰고, 초楚나라 웅의료熊宜僚는 3개의 탄환을 놀리면서 손으로 교대로 받아 빙빙 돌리며 땅에 떨어뜨리지 않았다. 료僚를 속본俗本에는 료遼로 썼는데, 잘못이다.

위魏나라 혜강嵇康은 고〔琴〕를 잘 타서 광릉산廣陵散 한 곡조가 당세에 절묘하였고, 위魏나라 완적阮籍은 휘파람을 잘 불어 일찍이 손등孫登을 소문산蘇門山에서 만났는데, 이 산에 있는 소대嘯臺가 바로 손등과 완적이 만나 휘파람을 분 곳이다.

여포呂布의 활과 웅의료熊宜僚의 탄환 布射僚丸

유비劉備와 원술袁術이 서로 공격하자 여포呂布가 말하기를 "저는 싸움 붙이기를 좋아하지 않고 다만 싸움을 풀기를 좋아할 뿐입니다." 하고, 극戟을 군영 앞에 세우게 하고는 말하기를 "여러분들께서 제가 극의 작은 가지에 활을 쏘는 것을 보시어 한 번 발사에 맞히거든 군대를 무르고 떠나셔야 합니다." 하였다. 그러고는 즉시 활을 들어 극을 쏘아 작은 가지를 정확하게 맞혔다.

웅의료熊宜僚는 춘추시대 초楚나라 용사이다. 초나라가 송宋나라와 전쟁할 때 웅의료가 9개 탄환을 손에서 놀렸다. 송나라 군대가 전쟁을 멈추고 그것을 구경하다가 마침내 패하였고, 초 장왕楚莊王은 적에게 벗어나서 패자霸者가 되었다.

CV783

혜강嵇康의 고(琴)와 완적阮籍의 휘파람 嵇琴阮嘯

혜강嵇康은 원한을 피하여 집을 초국譙國 질현銍縣 혜산嵇山의 근처로 옮기고, 산명山名으로 성姓을 삼았다. 혜강은 금琴을 잘 타서 일찍이 낙서洛西에서 노닐다가 기이한 사람을 만나서 광릉산廣陵散(곡조琴曲 이름)을 배웠는데 성조聲調가 매우 뛰어났다.

금琴은 악기 이름으로 '고'이다. 《훈몽자회訓蒙字會》〈중中〉 32면에 '琴 고 금 七絃 일곱 줄이다'라고 하였다. 현금玄琴을 '거문고', 가야금伽倻琴을 '가야고'라고 하는 것에 의하면 금琴은 '거문고'에 대응되지 않고 '고'에 대응되는 것이다. 이외에도 '琴'이 '고'로 쓰인 용례는 일현금一絃琴·삼현금三絃琴·구현금九絃琴·무현금無絃琴을 들 수 있다.

완적阮籍은 삼국시대 위魏나라 사람이다. 보병교위步兵校尉에 임명되고 관내후關內侯에 봉해졌다. 세상에서 완보병阮步兵으로 일컫는다. 《노자老子》·《장자莊子》를 좋아하고 예법과 교육을 멸시하였다. 술을 마음대로 마시며 현묘한 이치를 말하였고, 후기에는 인물들에 대하여 잘하고 못하고를 말하지 않아 이것으로 스스로 온전하였다. 혜강과 명성을 나란히 하였으며 죽림칠현竹林七賢의 한 사람이 되었다. 휘파람을 잘 불었다. 진류陳留에 완공소대阮公嘯臺가 있다.

손등孫登, 삼재도회

손등孫登의 은거隱居

손등은 위魏나라 말기 서진西晉 초기 사람이다. 가속家屬이 없이 군郡의 북산北山에 은거하였다. ≪주역周易≫을 읽기 좋아하였고, 고(琴)를 연주하였으며 성품이 순수하고 온화하였다. 사마소司馬昭가 소문을 듣고 완적阮籍을 시켜서 찾아가 말을 나눠보게 하였는데 손등이 호응하지 않았다. 〈손등이〉 혜강嵇康에게 경계하기를 "재주가 많으면서 지식이 적으니, 지금 세상에서 재앙을 벗어나기 어렵겠다." 하였다. 뒤에 혜강은 과연 비명횡사를 하였는데, 어디서 죽었는지 모른다.

116 **恬筆倫紙**하고 몽염蒙恬은 붓과 먹을 만들고
채륜蔡倫은 종이를 만들었으며,

鈞巧任釣라 마균馬鈞은 〈지남거指南車를 만드는〉 기교技巧가 있었고
임공자任公子는 낚싯대를 만들었다.

【훈음】 恬 편안할 념 筆(=笔) 붓 필 倫 인륜 륜 紙 종이 지
鈞(=均) 고를 균 巧 공교할 교 任 맡길 임 釣 낚시 조

【어휘】 鈞 : 均(고를 균)과 같다. 조선朝鮮 선조宣祖의 초명初名이니, 당연히 읽기를 '근斤'과 같이 해야 한다. (《주해註解》) 균鈞을 '근'으로 읽는 이외에 글자를 바꾸어서 '균勻'으로 쓰기도 하였다.

註解 古者에 削竹爲冊하여 畫漆而書러니 秦蒙恬이 始造兎毫筆松煙墨하며 後漢宦者蔡倫이 始用楮皮敗絮하여 爲紙하니라 魏馬鈞은 有巧思하여 造指南車하니 車有木人하여 指必向南하고 戰國任公子는 爲百鈞之鉤하여 垂竿東海하여 釣巨魚하니라

【훈음】 削 깎을 삭 畫 그을 획 漆 옻 칠 兎 토끼 토 毫 털 호
楮 닥나무 저 絮 솜 서 鉤 갈고리 구 竿 낚싯대 간

【어휘】 松煙墨 : 소나무를 태운 그을음과 아교를 섞어 만든 먹.

옛날에는 대나무를 깎아 책을 만들어 옻칠로 그어 써서 글씨를 썼는데, 진秦나라 몽염蒙恬이 처음으로 토끼털 붓과 송연묵松煙墨을 만들었으며, 후한의 환관인 채륜蔡倫이 처음으로 닥나무 껍질과 썩은 솜을 이용하여 종이를 만들었다.

위나라 마균馬鈞은 뛰어난 생각이 있어 지남거指南車를 만들었는데, 수레 안에 나무로 만든 사람이 있어 손가락이 반드시 남쪽을 지향하였으며, 전국시대 임任나라 공자는 백균百鈞(1鈞은 30근斤)의 갈고리를 만들어 동해에 낚싯대를 드리워 큰 고기를 낚았다.

지남거 指南車

방향을 지시하는 수레. 황제黃帝가 지남거를 만들어 〈안개로 뒤덮인〉 사방을 보이게 하여 마침내 치우蚩尤를 사로잡았다. 또 주周나라 초기에 월상씨越裳氏의 사자가 와서 공물을 바치고 되돌아 가는 길을 헷갈려 하자 주공周公이 병거軿車(휘장 친 수레)를 주었는데 모두 사남司南〔지남거〕의 제도를 사용하여 만든 수레였다. 뒤에 동한 장형張衡, 삼국 위魏나라 마균馬鈞, 남조 제齊나라 조충지祖沖之도 모두 지남거를 만든 일이 있었다.

CV784

117 釋紛利俗하니 〈위 8사람의 기술이〉 어지러움을 풀고 세속을 이롭게 하니,
竝皆佳妙라 〈그 기술이〉 아울러 모두 아름답고 오묘하였다.

【훈음】 釋 풀 석 紛 어지러울 분 利 이로울 리 俗 풍속 속
竝(=並) 아우를 병 皆 다 개 佳 아름다울 가 妙(=玅·竗) 묘할 묘

註解 上文八子는 技術之巧가 固有長短得失이나 而要之皆能釋紛而利俗也라 言其技術俱佳美也라

【훈음】 巧 공교할 교 術 재주 술

위 글에 나온 여덟 사람은 기술의 정교精巧함이 진실로 장단과 득실이 있으나, 요컨대 모두 어지러움을 풀어주고 세속을 편리하게 한 것이다.

그들의 기술이 모두 아름다움을 말한 것이다.

118 毛施淑姿하여 〈미녀가 미혹迷惑하였으니〉 모장毛嬙과 서시西施는 자태가 아름다워,
工嚬姸笑라 아름답게 눈썹을 찡그리고 곱게 웃었다.

【훈음】 毛 털 모 施 베풀 시 淑 아름다울 숙 姿 모양 자
工 잘할 공 顰(=矉) 찡그릴 빈 姸(=研) 고울 연 笑(=咲) 웃을 소

註解 毛嬙西施는 皆古之美女니 言其美姿絶世也라 美姿絶世라 故愁而嚬하고 喜而笑皆美라

【훈음】 姿 자태 자 絶 빼어날 절
【어휘】 毛嬙 : 월越나라 왕이 사랑한 첩.

모장毛嬙과 서시西施는 모두 옛날의 미녀이니, 그 아름다운 자태가 세상에 뛰어남을 말한 것이다.

아름다운 자태가 세상에 뛰어났기 때문에, 근심하여 찡그리고 기뻐하여 웃는 것이 모두 아름다웠던 것이다.

CV785

서시西施, 백미신영도전

서시가 오나라를 망하게 하다 西施亡吳

서시는 춘추시대春秋時代 월越나라 미녀. 혹은 선시先施라고도 일컫고, 별명은 이광夷光이고, 또 서자西子라고도 일컫는다. 성姓이 시施이다. 월나라 왕 구천句踐이 회계會稽에서 패한 뒤에 범려范蠡가 서시를 데려다가 오吳나라 왕 부차夫差에게 바치자, 부차가 미혹되어 정치를 잊어서 월나라가 마침내 오나라를 멸망시켰다. 뒤에 서시는 범려에게 돌아가서 같이 오호五湖로 배를 타고 떠났다.

119 年矢每催하고 〈근면할지니〉 세월은 화살처럼 〈빨라서〉 늘 재촉하고,

羲暉朗曜라 햇빛은 밝게 〈쉬지 않고〉 빛난다.

【훈음】 年(=秊) 해 년 矢 화살 시 每 매양 매 催 재촉 최
羲(=曦) 햇빛 희 暉 빛 휘 朗 밝을 랑 曜(=燿) 빛날 요

註解 歲色如箭하여 每相催迫也라 羲和는 唐虞主曆日之官이라 故謂日爲羲暉也니 言日光明照하고 運行不息也라

세월은 화살처럼 빨라 늘 서로 재촉한다.

희화羲和는 당우唐虞(요순堯舜)시대에 역일曆日(책력)을 주관하던 관직이었다. 그러므로 해를 희휘羲暉라 한 것이니, 햇빛이 밝게 비추고 운행하여 쉬지 않음을 말한 것이다.

희화羲和의 역법曆法 창조

희씨羲氏와 화씨和氏의 병렬 호칭. 요堯임금이 일찍이 희중羲仲·희숙羲叔과 화중和仲·화숙和叔 양쪽 형제에게 명령하여 사방에 나누어 머물면서 하늘의 상징을 살피고 아울러 역법을 만들게 하였다. 그리하여 '羲'는 태양을 대신 가리키게 되었다.

CV787

120 **璇璣懸斡**하고 선기옥형璇璣玉衡(혼천의渾天儀)은 매달려 돌고,

晦魄環照라 그믐달에는 〈밝음이 소진되었다가 보름달 뒤에는〉 검은 부분이 생겨 순환하여 비춘다.

【훈음】 璇(=璿) 구슬 선 璣 구슬 기 懸(=縣) 달 현 斡 돌 알
晦 그믐 회 魄 달의 검은 부분 백 環 돌 환 照(=炤) 비칠 조

註解 璣는 機也니 以璿飾璣하여 懸布斡旋하니 象天之轉也라 晦魄은 月影이 晦則明盡하고 朔則明蘇하며 望後生魄也니 言日往日來하여 循環照曜也라

【어휘】 晦魄 : '晦(則明盡)…(望後生)魄'에서 괄호 부분이 생략된 것이다.

기璣는 틀이다. 구슬로 틀을 장식하여 매달아놓아 돌게 하니, 천체天體의 회전을 본떴다. 회백晦魄은 달그림자가 그믐[晦]이면 밝음이 소진하고, 초하루[朔]면 밝음이 소생하며, 보름[望] 뒤에는 검은 부분〔魄〕이 생기니, 날짜가 오가며 순환하여 밝게 비춤을 말한 것이다.

CV788

121 **指薪脩祜**하면 **永綏吉卲**라

손가락으로 섶나무를 밀어넣어 불씨가 영원하듯, 〈생명의 영원함을 깨우쳐 행복을 강구하면〉 오래도록 편안하고 길상吉祥이 높아진다.

【훈음】 **指** 손가락 **지** **薪** 섶나무 **신** **脩**(≒修) 닦을 **수** **祜** 복 **우**
永 길 **영** **綏** 편안할 **수** **吉** 길할 **길** **卲**(=邵·劭) 높을 **소**

【어휘】 **綏** : 《신자전新字典》에 "유 旗旄下垂 기 드림, 수 安也 편안할"이라고 하여 '기 드림 유'와 '편안할 수'로 구분하였다.

註解 積善修福은 可以指薪爲喩니 如薪盡火傳하여 永久不滅也라 如是면 則永以爲綏하여 而吉祥自卲也라

【훈음】 **積** 쌓을 **적** **喩** 비유할 **유** **滅** 없어질 **멸**

선행을 쌓아 행복을 닦음은 〈다 타 없어지는 섶에〉 손가락으로 섶나무를 밀어 넣는 것으로 비유할 수 있으니, 섶나무는 소진하여도 불씨는 전해져 영구히 없어지지 않음과 같은 것이다. 이와 같으면 영원히 편안하게 되어 길상吉祥이 스스로 높아질 것이다.

장자莊子, 《만고제회도상》

손가락으로 섶나무를 밀어넣어 불씨가 영원하듯… 指薪脩祜 永綏吉卲

《장자莊子》〈양생주養生主〉의 "〈타 없어지는 섶에〉 손가락으로 섶나무를 밀어넣으면 불씨가 전해져서 그 다하는 것을 알지 못한다.〔指窮於爲薪 火傳也 不知其盡也〕"에 의거한 것이다.

CV789

우祐는 오자誤字, 호祜가 정자正字

'祜'가 《천자문석의千字文釋義》에는 '祐'(복 호)로 되어 있는데, '祐'는 오자이고, '祜'가 정자이다. '祐'로 하면 측운각仄韻脚 '소邵'가 거성去聲이고 출구각出句脚 '祐'가 거성이어서 상하구上下句 미자尾字가 동성조同聲調인 상미上尾가 된다. '祜'는 상성上聲 우운麌韻이어서, '祜'로 하면 '祐(去)'·'邵(去)'의 동성조의 상미에서 '祜(上)·邵(去)'의 이성조異聲調가 되어 상미를 피할 수 있다. '祜'는 '祐'와 자형이 유사한 동의이자同義異字이기 때문에 혼용된 것으로 보인다. 《천자문》에서 측운각일 때 출구각이 동성으로 나타나는 경우는 '祐·邵' 한 곳뿐이므로, '祜·邵'가 되면 상미는 자취를 감추게 된다. 그리고 '邵'(去聲 笑韻)가 《석의釋義》에는 '劭'(去聲 笑韻)로 쓰여 있는데 소운笑韻의 동운同韻이기 때문에 운각과 출구각의 성조 관계는 변동이 없다.

122 矩步引領하고 〈거동은〉 걸음을 바르게 하며 옷차림을 단정히 하고,
俯仰廊廟라 낭묘廊廟(조정朝廷)에 오르내린다.

【훈음】 矩 법도 구 步 걸음 보 引 끌 인 領 옷깃 령
俯(=頫) 굽을 부 仰 우러를 앙 廊 행랑 랑 廟 사당 묘

註解 矩步는 折旋中矩也요 引領은 猶絜領이니 言整齊衣衿也라 俯仰은 猶周旋也라 廊은 宗廟之廊也니 古者有事에 必行於宗廟라 故謂朝廷爲廊廟라

【훈음】 中 맞을 중 絜 가지런할 결 衿 옷깃 금
【어휘】 折旋 : 직각으로 돌다.

구보矩步는 직각으로 돌아 곡척曲尺(矩)에 맞게 하는 것이다. 인령引領은 결령絜領과 같으니 옷깃을 가지런히 함을 말한 것이다.

부앙俯仰은 주선周旋과 같다. 낭廊은 종묘宗廟의 행랑行廊이니, 옛날에 일이 있으면 반드시 종묘에서 시행하였으므로 조정을 낭묘廊廟라고 한 것이다.

CV790

123 束帶矜莊하면　띠를 묶고 있으면서 긍지와 단정함이 있으면,
徘徊瞻眺라　평소 배회할 적에 〈백성들이 감동하여 그대를〉 우러러본다.

【훈음】 束 묶을 속　帶 띠 대　矜 자랑 긍　莊 씩씩할 장
徘(=俳) 배회할 배　徊(=佪) 배회할 회　瞻 쳐다볼 첨　眺 바라볼 조

註解 束帶立於朝에 當矜持莊敬이요 不可懈也라 矜莊有素면 則徘徊之間에 可以聳動瞻眺니 詩曰 民具爾瞻이 是也라

【훈음】 朝 조정 조　懈 게으를 해　素 평소 소　聳 솟을 용　具 모두 구
【어휘】 聳動 : 감동하다.

띠를 묶고 조정에 서 있을 때에는 마땅히 긍지를 가지고 단정히 공경할 것이고, 게으르게 해서는 안 된다.

긍지와 단정함이 평소에 있으면, 배회하는 사이에 〈사람들이〉 감동하여 바라보도록 할 수 있으니, 《시경詩經》 〈소아小雅 절남산節南山〉에 이르기를 "백성들이 모두 그대를 우러러 본다."는 것이 이것이다.

124 孤陋寡聞하면　〈경계하니〉 외롭고 누추하여 견문見聞이 적으면,
愚蒙等誚라　혼미하여 몽매한 자와 꾸짖음을 똑같이 받는다.

【훈음】 孤 외로울 고　陋 더러울 루　寡 적을 과　聞 들을 문
愚 어리석을 우　蒙 어리석을 몽　等 같을 등　誚(=譙) 꾸짖을 초

註解 學記曰 獨學無友면 則孤陋寡聞이라하니 是以로 貴在相觀而善이라 獨學寡聞이면 則與愚迷蒙昧者로 同其譏焉이라

【훈음】 迷 혼미할 미　譏 나무랄 기

《예기禮記》 〈학기學記〉에 이르기를 "홀로 공부하여 벗이 없으면 외롭고 누추하여 견문이 적다." 하였다. 이 때문에 서로 살펴서 훌륭하게 되는 것이 귀하다.

홀로 공부하여 견문이 적으면 혼미하여 몽매한 자와 그 꾸짖음을 똑같이 받게 된다.

CV791

V. 어조사 語助

125 **謂語助者**는 어조사語助辭라 이르는 것은

焉哉乎也라 언焉·재哉·호乎·야也이다.

【훈음】 謂 이를 위 語 말 어 助 도울 조 者 것 자
焉 어조사 언 哉(=𢦏) 어조사 재 乎 어조사 호 也 어조사 야

註解 文字有實有虛하니 虛字亦不可無라 其起結承接之際에 可以聯綴爲文者니 卽所謂語助辭也라 若焉若哉若乎若也는 是語辭니 而耶歟矣兮之屬이 皆其類也라

【훈음】 際 즈음 제 聯 이을 련 綴 이을 철
【어휘】 聯綴 : 연결하다.

문자에는 실자實字와 허자虛字가 있으니, 허자라도 없어서는 안 된다. 그 발단·결말·접속하는 즈음에 연결하여 글을 만들 수 있는 것이니, 곧 이른바 어조사이다.

언焉·재哉·호乎·야也가 바로 어조사이니, 이而·야耶·여歟·의矣·혜兮 등속이 모두 그 부류이다.

CV794

어조사 언焉 재哉 호乎 야也

4자는 모두 어기사語氣詞. 야也·의矣 등은 진술陳述 어기語氣이고, 호乎·야耶 등은 의문疑問 어기이고, 재哉·부夫 등은 감탄感歎 어기이다. 언焉은 정돈停頓(休止) 어기이다.

也는 《주해註解》에 "입긔 야 語之終 氣出口下而盡"에 의한 '깁 기운 야'이다. '말이 끝나면 기운이 입 아래로 나와서 다한다.'라고 한 것이 주목되는바, '입 기운'은 구기口氣를 도치한 기구氣口에 대응되는 것이고, 이는 현재의 어기사로 설명된 것이다.

어기사는 《광주천자문光州千字文》·《석봉천자문石峰千字文》에는 모두 "焉 입겻 언 哉 입겻 지 也 입겻 야"라고 하여 모두 '입겻'으로 표기하였고, 후일의 여러 본에서는 '이끼'로 나타났다. 결국 입겻·입긔·이끼는 모두 어기사의 한국어 표현인 것이다.

문자의 실자와 허자 文字有實有虛

실자實字는 지금 언어의 실사實詞와 같다. 허자와 상대어이다. 사람 혹은 사물 및 그 동작·변화·성상性狀 등 개념槪念을 표시하는 말이다. 독립하여 문구文句를 충당할 수 있는 성분成分이다. 명사·동사·형용사·수사數詞·양사量詞·대사代詞 6종류를 포괄한다. 허자虛字는 허사虛詞이다. 단독으로 문구를 이루지 못하고, 뜻이 비교比較·추상抽象하여 일정 어법語法과 뜻을 갖추는 말이다. 개사介詞·연사連詞·조사助詞와 같은 것이다.

추보追補 및 간행기

皇明文衡山徵明所書草楷篆隸四體에 烈作䛊하니 同潔이요 祐作祜하니 福也요 卲作劭하니 美也라

【훈음】 草 초서 **초** 楷 해서 **해** 篆 전서 **전** 隸 예서 **예**
【어휘】 **皇明** : 명明나라. 황皇은 봉건封建 왕조에 대한 존칭.

명나라 형산衡山 문징명文徵明이 쓴 초서·해서·전서·예서의 《사체천자문四體千字文》에는 〈'여모정렬女慕貞烈'의〉 '烈'이 '䛊'로 되어 있는데 '䛊'은 '潔'(깨끗할 결)과 같으며, 〈'지신수우指薪修祐'의〉 '祐'가 '祜'로 되어 있는데 '祜'는 '福(복 복)'의 뜻이며, 〈'영수길소永綏吉卲'의〉 '卲'가 '劭'로 되어 있는데 '劭'는 '美'(아름다울 미)의 뜻이다.

南陽 洪泰運書

남양南陽 본관 홍태운洪泰運이 쓰다.

崇禎百七十七季甲子秋 京城廣通坊新刊

【어휘】 **廣通坊** : 한양漢陽 남부南部에 있던 방坊.(현재 청계천 부근) 방坊은 현재의 동洞 수준의 행정 단위. 광통방 북쪽에 북광통교北廣通橋가 있었다.

숭정崇禎 177년(1804, 순조 4) 갑자 가을 경성京城 광통방廣通坊에서 새로 간행하다.

형산 문징명 文衡山徵明

1470~1559. 명나라 소주부蘇州府 장주長洲 사람. 초명은 벽璧, 자字를 〈이름으로〉 사용하여, 다시 징중徵仲으로 자를 지었다. 호가 형산衡山이다. 정덕正德(1506~1521) 말기에 세공생歲貢生(국자감國子監에서 관비官費로 공부하던 생원生員)으로 이부吏部에 추천되어 쓰여 한림원翰林院 대조待詔를 임명받았다. 시문을 잘하였고, 행서·초서에 능하였으며, 작은 해서 글씨에 정밀하였다. 그림에 더욱 뛰어나서 산수山水·화훼花卉·난죽蘭竹·인물人物 그림에 독보적인 경지에 이르렀다. 집 이름은 옥경산방玉磬山房이다.

부 록

한문 독해 패턴 색인

한자 훈음

한문 독해 패턴 색인

- 색인의 범위는 교재 원문에 제시한 패턴에 한함.
- 패턴내 각각의 한자에 모두 제시함. 단, 동일한 한자가 2회 이상 포함된 패턴은 1회만 기록함.
  예: '不可不A'는 '不'과 '可'에 각 1회씩 제시함.
- 한자음 '가나다 순'으로 배열함.
- 아래 패턴을 반복하여 읽는 것도 한문독해력에 도움이 될 수 있음.

범례) 패턴 구조 : 패턴 풀이법_ 페이지번호, 페이지번호 …

ㄱ

可
- 可A : A할 만하다_ 66
- 可A可B : A할 수도 B할 수도 있다_ 38

見
- 見A : A되다_ 38

故
- 以A故 : A하기 때문이다_ 23

及
- 及其A也則 : 그가 A했을 때_ 51

其
- 及其A也則 : 그가 A했을 때_ 51

ㅁ

莫
- 莫不A : A하지 않은 것이 없다/모두 A하다_ 30
- 莫非A : A 아님이 없다/모두 A이다_ 22

罔
- 罔不A : A하지 않음이 없다/모두 A하다_ 32

無
- 非A無以B : A아니면 B할 수 없다_ 33

微
- 微A孰B : A 아니면 누가 B하겠는가?_ 73

靡
- 靡不A : A하지 않음이 없다/모두 A하다_ 48

ㅂ

不
- 莫不A : A하지 않은 것이 없다/모두 A하다_ 30
- 罔不A : A하지 않음이 없다/모두 A하다_ 32
- 靡不A : A하지 않음이 없다/모두 A하다_ 48
- 非A不B : A 아니면 B하지 않다_ 30
- 孰A不B : 누가 A하지 않겠는가?_ 40

非
- 莫非A : A 아님이 없다/모두 A이다_ 22
- 非A無以B : A아니면 B할 수 없다_ 33
- 非A不B : A 아니면 B하지 않다_ 30
- 非A孰B也 : A 아니면 누가 B하겠는가?_ 73

ㅅ

所
- 所以A者 則B也 : A한 까닭은 B이다_ 33
- A之所以B也 : A가 B한 까닭이다_ 33
- A之所以B者也 : A가 B하는 것이다_ 57

孰
- 微A孰B : A 아니면 누가 B하겠는가?_ 73
- 非A孰B也 : A 아니면 누가 B하겠는가?_ 73
- 孰A不B : 누가 A하지 않겠는가?_ 40

是
- A是B : A를 B하다_ 42
- A是爲B : A를 B라고 하다_ 14

ㅇ

也
- 及其A也則 : 그가 A했을 때_ 51
- 非A孰B也 : A 아니면 누가 B하겠는가?_ 73
- 所以A者 則B也 : A한 까닭은 B이다_ 33
- A之所以B也 : A가 B한 까닭이다_ 33
- A之所以B者也 : A가 B하는 것이다_ 57
- A之B也 : A가 B하다_ 17

於
- A於B : B에 A되다_ 38

如
- 如A何 : A를 어찌하겠는가?_ 36

與
- 與AB : A와 B하다_ 37

曰
- A之曰B : A를 B라 하다_ 27

爲
- A是爲B : A를 B라고 하다_ 14
- A爲B : A는 B이다_ 16

謂
- A謂之B : A를 B라고 한다_ 62

惟
- A惟B : A는 B이다_ 29

以
- 非A無以B : A아니면 B할 수 없다_ 33
- 所以A者 則B也 : A한 까닭은 B이다_ 33
- 以A : A한 것_ 46
- 以AB : A로 B하다_ 23
- 以A故 : A하기 때문이다_ 23
- A之所以B也 : A가 B한 까닭이다_ 33
- A之所以B者也 : A가 B하는 것이다_ 57

已
- 只A而已 : 단지 A일 뿐이다_ 28

而
- 自A而B : A로부터 B까지_ 30
- 只A而已 : 단지 A일 뿐이다_ 28

ㅈ

者
- 所以A者 則B也 : A한 까닭은 B이다_ 33
- A之所以B者也 : A가 B하는 것이다_ 57
- A之B者 : A중에 B한 것_ 20 47 61

自
- 自A而B : A로부터 B까지_ 30

則
- 及其A也則 : 그가 A했을 때_ 51
- 所以A者 則B也 : A한 까닭은 B이다_ 33

之
- A謂之B : A를 B라고 한다_ 62
- A之所以B也 : A가 B한 까닭이다_ 33
- A之所以B者也 : A가 B하는 것이다_ 57
- A之B也 : A가 B하다_ 17
- A之曰B : A를 B라 하다_ 27
- A之B者 : A중에 B한 것_ 20 47 61

只
- 只A而已 : 단지 A일 뿐이다_ 28

ㅎ

何
- 如A何 : A를 어찌하겠는가?_ 36

한자 훈음 색인

- 본 색인索引은 천자문 원문 1,000자에 대한 훈음訓音을 제공함.
- 음이 둘 이상 출현한 경우 각각의 음마다 매번 제시하여, 하나의 음만 알더라도 찾아볼 수 있도록 함. 이 경우 정렬에 해당하지 않는 음가 앞에는 '※' 기호로 표기함.
- 훈음은 1999년 본회와 한국어문회 등에서 제정한 '敎育 漢字의 代表 訓音'을 기준으로 현대화하여 수정하였으며, 추가적인 의미 설명이 필요할 경우 ';' 뒤에 부연함.

ㄱ

佳 : 아름다울 가_ 117
假 : 빌릴 가 ; 거짓 가 ; 가령 가 ; 감격할 가_ 73
可 : 가능할 가 ; 옳을 가_ 24
嘉 : 아름다울 가_ 88
家 : 집 가 ; 사람 가_ 63
歌 : 노래 가_ 107
稼 : 심을 가_ 82
軻 : 수레 가_ 85
駕 : 멍에 가_ 65
刻 : 새길 각_ 66
簡 : 대쪽 간 ; 간략할 간 ; 편지 간_ 111
幹 : 주장할 간 ; 돌 알_ 120
間 : (=間)사이 간 ; (=閑)한가할 한_ 92
碣 : 비석 갈_ 80
竭 : 다할 갈_ 32
芥 : 작은 풀 갈 ; 겨자 개_ 8
感 : 느낄 감 ; 한할 감_ 70
敢 : 감히 감_ 20
甘 : 달 감_ 40
鑒 : 거울 감_ 87
藍 : 볼 감 ; 쪽 람_ 106
甲 : 갑옷 갑 ; 첫째 천간 갑_ 56
岡 : 산등성이 강_ 6
康 : 편안 강_ 108
糠 : 겨 강_ 102
絳 : 진홍 강_ 98
羌 : 오랑캐 강_ 15
薑 : 생강 강_ 8
荒 : 공허할 강 ; 거칠 황_ 1
改 : 고칠 개 ; 더욱 개 ; 따로 개_ 22
皆 : 다 개_ 117
芥 : 겨자 개 ; 작은 풀 갈_ 8
蓋 : 덮을 개 ; 어찌 합_ 19
更 : 다시 갱 ; 고칠 경_ 72
去 : 갈 거 ; 버릴 거 ; 거리 거_ 40
居 : 살 거_ 92
巨 : 클 거 ; 어찌 거_ 7
據 : 근거 거_ 53
擧 : 들 거 ; 모두 거 ; 시행할 거_ 107
渠 : 개천 거_ 95
鉅 : 클 거 ; 강할 거 ; 어찌 거_ 80
車 : 수레 거_ 65
巾 : 수건 건_ 104
建 : 세울 건 ; 엎지를 건_ 27
劍 : 칼 검_ 7
堅 : 굳을 견_ 51
見 : 볼 견 ; 당할 견 ; 뵐 현 ; (=現)나타날 현_ 91
遣 : 보낼 견_ 94
潔 : 깨끗할 결_ 105
結 : 맺을 결 ; 마칠 결_ 5
謙 : 겸손할 겸 ; 만족할 겸_ 86
京 : 서울 경_ 52
傾 : 기울 경_ 69
卿 : 벼슬 경_ 62
慶 : 경사 경_ 29
敬 : 공경 경_ 31
景 : 볕 경 ; 경치 경 ; (=影) 그림자 영_ 26
更 : 고칠 경 ; 다시 갱_ 72
涇 : 통할 경_ 53
竟 : 마침내 경_ 38
競 : 다툴 경_ 30
經 : 글 경 ; 지날 경 ; (=縊) 목맬 경_ 61
輕 : 가벼울 경_ 65
驚 : 놀랄 경_ 54
啓 : 열 계_ 56
溪 : 시내 계_ 67
稽 : 상고할 계_ 110
誡 : 경계할 계_ 89
階 : 섬돌 계_ 58
雞 : 닭 계_ 79
古 : 옛 고_ 93
姑 : 시어머니 고 ; 우선 고 ; 고모 고_ 44
孤 : 외로울 고_ 124
故 : 연고 고 ; 옛 고 ; 까닭 고_ 103
皐 : 언덕 고 ; 못 고 ; 부를 호_ 90
羔 : 새끼양 고_ 25
顧 : 돌아볼 고 ; 다만 고_ 111
高 : 높을 고_ 64
鼓 : 북 고 ; 두드릴 고_ 57
藁 : 볏짚 고_ 61
曲 : 굽을 곡 ; 구석 곡_ 68
谷 : 골 곡_ 28
轂 : 바퀴통 곡_ 64
困 : 곤할 곤 ; 곤란할 곤_ 72
崑 : 산 이름 곤_ 6
昆 : 형 곤 ; (=混)뒤섞일

혼_ 80
鯤 : 곤이 곤_ 98
公 : 공평할 공 ; 제후 공_ 69
功 : 공적 공_ 66
孔 : 구멍 공 ; 성씨 공_ 45
工 : 장인 공 ; 관리 공_ 118
恐 : 두려울 공 ; 아마 공_ 110
恭 : 공손할 공_ 20
拱 : 팔짱 낄 공 ; 보옥 공_ 14
空 : 빌 공_ 28
貢 : 바칠 공 ; 공법 공_ 84
寡 : 적을 과_ 124
果 : 열매 과 ; 과연 과 ; 과감할 과 ; 실행할 과_ 8
過 : 지날 과 ; 허물 과_ 22
冠 : 갓 관_ 64
官 : 벼슬 관_ 10
觀 : 볼 관_ 54
矜 : 앓을 관 ; 창 자루 근 ; 자랑할 긍_ 123
光 : 빛 광_ 7
匡 : 바를 광 ; 앉은뱅이 왕_ 69
廣 : 넓을 광_ 59
曠 : 빌 광_ 81
槐 : 회화나무 괴_ 62
虢 : 범 발톱 자국 괵_ 73
交 : 사귈 교 ; 서로 교 ; 교차할 교_ 46
巧 : 공교할 교 ; 예쁠 교_ 116
矯 : 바로잡을 교_ 108
招 : 지적할 교 ; 풍류 이름 소 ; 부를 초_ 94
九 : 아홉 구 ; (=糾)모을 규_ 77
具 : 갖출 구_ 101
口 : 입 구 ; 식구 구_ 101
垢 : 때 구_ 112
懼 : 두려워할 구_ 110
求 : 구할 구_ 93
矩 : 곱자 구 ; 법도 구_ 122
舊 : 옛 구_ 103
駒 : 망아지 구_ 17
驅 : 몰 구_ 64
國 : 나라 국_ 12
鞠 : 기를 국 ; 국문할 국_ 20
君 : 임금 군 ; 군자 군 ; 그대 군_ 31
群 : 무리 군_ 60
軍 : 군사 군_ 75
郡 : 고을 군_ 77
宮 : 집 궁_ 54
躬 : 몸 궁_ 89
勸 : 권할 권_ 84
厥 : 그 궐_ 88
闕 : 대궐 궐_ 7
歸 : 돌아갈 귀 ; 선물할 귀 ; 시집갈 귀_ 16
貴 : 귀할 귀_ 41
九 : (=糾)모을 규 ; 아홉 구_ 77
規 : 법 규_ 46
鈞 : 서른 근 균 ; (=均)고를 균_ 116
克 : 이길 극 ; 능할 극_ 26
極 : 다할 극 ; 끝 극_ 89
根 : 뿌리 근_ 97
謹 : 삼갈 근_ 86
近 : 가까울 근_ 90
矜 : 창 자루 근 ; 앓을 관 ; 자랑할 긍_ 123
琴 : 거문고 금_ 1[illegible]5
禽 : 새 금 ; (=擒)사로잡을 금_ 55
金 : 쇠 금 ; 성씨 김_ 6
及 : 미칠 급 ; 더불 급_ 18
給 : 줄 급_ 63
矜 : 자랑할 긍 ; 앓을 관 ; 창 자루 근_ 123
其 : 그 기 ; (≒豈)어찌 기 ; 아마 기_ 88
器 : 그릇 기_ 24
基 : 터 기_ 38
己 : 몸 기_ 23
幾 : 몇 기_ 86
旣 : 이미 기 ; 녹봉 희_ 60
機 : 틀 기_ 91
氣 : 기운 기_ 45
璣 : 구슬 기 ; 별 이름 기_ 120
綺 : 비단 기_ 70
譏 : 비웃을 기_ 89
豈 : 어찌 기_ 20
起 : 일어날 기_ 75
飢 : 주릴 기_ 102
祇 : 땅귀신 기 ; 다만 지 ; 공경할 지_ 88
吉 : 길할 길_ 121
金 : 성씨 김 ; 쇠 금_ 6

ㄴ

柰 : 어찌 나 ; 능금나무 내_ 8
洛 : 물 이름 낙 ; 물 이름 락_ 53
難 : 어려울 난 ; 힐난할 난_ 24
南 : 남녘 남_ 83
男 : 사내 남_ 21
藍 : 쪽 남 ; 볼 감 ; 쪽 람_ 106
納 : 들일 납 ; 신발 신을 납_ 58
內 : (=納)들일 납 ; 안 내_ 59
囊 : 주머니 낭_ 99
廊 : 사랑채 낭 ; 행랑 낭 ; 사랑채 랑 ; 행랑 랑_ 122
朗 : 밝을 낭 ; 밝을 랑_ 119
乃 : 이에 내_ 11
內 : 안 내 ; (=納)들일 납_ 59
柰 : 능금나무 내 ; 어찌 나_ 8
女 : 여자 녀 ; 시집보낼 녀 ; (=汝)너 여_ 21
年 : 해 년 ; 나이 년_ 119
念 : 생각 념_ 26
恬 : 편안할 념_ 116
攝 : 편안할 녑 ; 깃 꾸미개 삽 ; 다스릴 섭 ; 잡을 섭_ 39
寧 : 편안할 녕 ; 차라리 녕 ; 어찌 녕_ 71
農 : 농사 농_ 82
勒 : 굴레 늑 ; 굴레 륵_ 66
能 : 능할 능_ 22
凌 : 업신여길 능 ; 얼음 능 ; 업신여길 릉 ; 얼음 릉_ 98

ㄷ

多 : 많을 다 ; 다만 다 ; 중시할 다_ 71

丹 : 붉을 단 ; 정성스러울 란_ 76
旦 : 아침 단_ 68
短 : 짧을 단 ; 헐뜯을 단_ 23
端 : 끝 단 ; 바를 단_ 27
敦 : 모일 단 ; 제기 대 ; 덮을 도 ; 도타울 돈 ; 아로새길 조 ; 다스릴 퇴_ 85
緣 : 부인 옷 이름 단 ; 인연 연_ 29
達 : 통달할 달 ; 이를 달_ 59
淡 : 맑을 담_ 9
談 : 말씀 담_ 23
答 : 대답 답_ 111
唐 : 당나라 당 ; 당황할 당_ 12
堂 : 집 당 ; 당당할 당_ 28
棠 : 아가위 당_ 40
當 : 마땅 당 ; 감당할 당_ 32
大 : 클 대 ; (=太)너무 태 ; (=太)클 태_ 19
對 : 대할 대 ; 대답할 대_ 56
岱 : 대산 대_ 78
帶 : 띠 대_ 123
敦 : 제기 대 ; 모일 단 ; 덮을 도 ; 도타울 돈 ; 아로새길 조 ; 다스릴 퇴_ 85
隸 : 미칠 대 ; 종 례 ; 종 예 ; 미칠 이_ 61
載 : (=戴)떠받들 대 ; 실을 재 ; (≒年)해 재_ 83
宅 : 댁 댁 ; 집 택_ 68
德 : 덕 덕_ 27
圖 : 그림 도 ; 도모할 도_ 55
盜 : 도둑 도_ 114
途 : 길 도_ 73
道 : 길 도 ; (=導)이끌 도 ; (≒治)다스릴 도 ; (=徒)무리 도_ 14
都 : 도읍 도 ; 못 지_ 52
陶 : 질그릇 도 ; 사람 이름 요_ 12
敦 : 덮을 도 ; 모일 단 ; 제기 대 ; 도타울 돈 ; 아로새길 조 ; 다스릴 퇴_ 85
犢 : 송아지 독_ 113
獨 : 홀로 독_ 98
篤 : 도타울 독_ 37
讀 : 읽을 독 ; 구절 두_ 99
敦 : 도타울 돈 ; 모일 단 ; 제기 대 ; 덮을 도 ; 아로새길 조 ; 다스릴 퇴_ 85
頓 : 조아릴 돈 ; 둔할 둔_ 108
冬 : 겨울 동_ 3
動 : 움직일 동_ 49
同 : 한가지 동_ 45
東 : 동녘 동_ 52
桐 : 오동나무 동_ 96
洞 : 골 동 ; 밝을 통_ 80
讀 : 구절 두 ; 읽을 독_ 99
杜 : 막을 두_ 61
土 : 뿌리 두 ; 흙 토_ 73
頓 : 둔할 둔 ; 조아릴 돈_ 108
得 : 얻을 득 ; 능할 득_ 22
登 : 오를 등_ 39
等 : 무리 등 ; 등급 등_ 124
騰 : 오를 등_ 5
澄 : 나뉠 등 ; 맑을 징_ 35

ㄹ

羅 : 그물 라 ; 벌일 라_ 62
騾 : 노새 라_ 113
洛 : 물 이름 락 ; 물 이름 낙_ 53
落 : 떨어질 락 ; 촌락 락_ 97
樂 : 즐길 락 ; 노래 악 ; 좋아할 요_ 41
丹 : 정성스러울 란 ; 붉을 단_ 76
蘭 : 난초 란_ 34
藍 : 쪽 람 ; 볼 감 ; 쪽 남_ 106
廊 : 사랑채 랑 ; 행랑 랑 ; 사랑채 낭 ; 행랑 낭_ 122
朗 : 밝을 랑 ; 밝을 낭_ 119
來 : 올 래_ 3
兩 : 두 량 ; 한냥 량_ 91
糧 : 양식 량 ; 양식 양_ 103
良 : 어질 량 ; 진실로 량_ 21
量 : 헤아릴 량 ; 헤아릴 양_ 24
涼 : 서늘할 량_ 112
呂 : 성씨 려 ; 법칙 려 ; 성씨 여 ; 법칙 여_ 4
慮 : 생각할 려_ 93
驢 : 당나귀 려_ 113
麗 : 고울 려_ 6
黎 : 검을 려 ; 검을 여_ 15
力 : 힘 력_ 32
歷 : 지날 력 ; 책력 력 ; 지날 역 ; 책력 역_ 95
輦 : 가마 련 ; 가마 연_ 64
連 : 잇닿을 련_ 45
列 : 벌일 렬 ; 벌일 열_ 2
烈 : 매울 렬 ; 불 놓을 렬_ 21
廉 : 청렴할 렴 ; 모날 렴_ 48
令 : 명령 령 ; 하여금 령_ 37
聆 : 들을 령_ 87
靈 : 신령 령 ; 신령 영_ 55
領 : 거느릴 령 ; 거느릴 영_ 122
禮 : 예도 례_ 41
隸 : 종 례 ; 미칠 대 ; 종 예 ; 미칠 이_ 61
勞 : 일할 로 ; 수고로울 노_ 86
老 : 늙을 로 ; 노자(老子) 로_ 103
路 : 길 로_ 62
露 : 이슬 로_ 5
祿 : 녹 록_ 65
論 : 논할 론_ 93
龍 : (=隴 ; 壟)언덕 롱 ; 용 룡_ 10
賴 : 의뢰할 뢰_ 18
僚 : 동료 료 ; 예쁠 료 ; 동료 요 ; 예쁠 요_ 115
龍 : 용 룡 ; (=隴 ; 壟)언덕 롱_ 10
寵 : 현 이름 룡 ; 사랑할 총_ 89
樓 : 다락 루_ 54
累 : 자주 루 ; 허물 루_ 94
陋 : 더러울 루_ 124
流 : 흐를 류 ; 유배 보낼 류_ 35
倫 : 인륜 륜 ; 차례 륜_

116
律 : 법칙 률_ 4
率 : 비율 률 ; 거느릴 솔 ; 따를 솔 ; 경솔할 솔 ; 모두 솔_ 16
勒 : 굴레 륵 ; 굴레 늑_ 66
凌 : 업신여길 릉 ; 얼음 릉 ; 업신여길 능 ; 얼음 능_ 98
利 : 이로울 리 ; 날카로울 리_ 117
履 : 밟을 리 ; 신 리_ 33
李 : 오얏 리_ 8
理 : 다스릴 리 ; 이치 리_ 87
離 : 떠날 리_ 47
異 : 다를 리 ; 기이할 리_ 103
鱗 : 비늘 린 ; 비늘 인_ 9
林 : 수풀 림_ 90
臨 : 임할 림_ 33
立 : 설 립 ; 곧 립_ 27

ㅁ

摩 : 문지를 마_ 98
磨 : 갈 마_ 46
漠 : 넓을 막 ; 사막 막_ 76
莫 : 없을 막 ; (=暮)늦을 모_ 22
邈 : 멀 막_ 81
晚 : 늦을 만_ 96
滿 : 가득찰 만_ 50
萬 : 일만 만 ; 모두 만_ 18
亡 : 망할 망 ; 도망할 망 ; 술 만족하지 않을 망 ; 없을 무_ 114
忘 : 잊을 망_ 22
罔 : 없을 망 ; (=誷)속일 망 ; (=網)그물 망_ 23
莽 : 우거질 망 ; 우거질 무_ 95
邙 : 북망산 망_ 53
寐 : 잘 매_ 106
每 : 매양 매_ 119
孟 : 맏 맹_ 85
盟 : 맹세 맹_ 73
絲 : 가는 실 멱 ; 실 사_ 25
勉 : 힘쓸 면_ 88
眠 : 잘 면_ 106
綿 : 솜 면 ; 이어질 면_ 81
面 : 낯 면 ; 향할 면_ 53
滅 : 꺼질 멸_ 73
冥 : 어두울 명_ 81
名 : 이름 명 ; 형용할 명_ 27
命 : 목숨 명 ; 명할 명 ; (≒慢)태만할 명_ 32
明 : 눈 밝을 명 ; 밝을 명_ 59
銘 : 새길 명_ 66
鳴 : 울 명_ 17
莫 : (=暮)늦을 모 ; 없을 막_ 22
慕 : 그릴 모_ 21
母 : 어머니 모_ 43
毛 : 터럭 모_ 118
貌 : 모양 모_ 87
木 : 나무 목 ; 질박할 목_ 18
牧 : 칠 목_ 75
目 : 눈 목_ 99
睦 : 화목할 목_ 42
蒙 : 어두울 몽 ; 무릅쓸 몽_ 124
妙 : 묘할 묘_ 117
廟 : 사당 묘_ 122
杳 : 아득할 묘 ; 아득할 요_ 81
畝 : 이랑 묘 ; 이랑 무_ 83
亡 : 없을 무 ; 망할 망 ; 도망할 망 ; 술 만족하지 않을 망_ 114
莽 : 우거질 무 ; 우거질 망_ 95
務 : 힘쓸 무_ 82
武 : 호반 무 ; 굳셀 무_ 70
無 : 없을 무_ 38
畝 : 이랑 무 ; 이랑 묘_ 83
茂 : 무성할 무_ 66
墨 : 먹 묵_ 25
默 : 묵묵할 묵_ 92
問 : 물을 문 ; 문병할 문_ 14
文 : 글월 문 ; 문채날 문_ 11
聞 : 들을 문 ; 소문 문_ 124
門 : 문 문_ 79
勿 : 말 물_ 71
物 : 물건 물 ; 다른 사람 물_ 50
微 : 작을 미 ; 아닐 미_ 68
美 : 아름다울 미_ 37
靡 : 아닐 미 ; 사치할 미_ 23
縻 : 고삐 미_ 51
民 : 백성 민_ 13
密 : 빽빽할 밀_ 71

ㅂ

薄 : 엷을 박_ 33
魄 : 재강 박 ; 넋 백 ; 영락할 탁_ 120
叛 : 배반할 반_ 114
盤 : 소반 반_ 54
磻 : 강 이름 반 ; 강 이름 번 ; 돌살촉 파_ 67
飯 : 밥 반 ; 먹을 반_ 101
弁 : 즐거워할 반 ; 고깔 변 ; 말씀 변 ; 갖출 판_ 58
竝 : 짝할 반 ; 곁 방 ; 나란히 병_ 117
發 : 필 발 ; 쏠 발 ; 창고 열 발_ 13
髮 : 터럭 발_ 19
傍 : 곁 방_ 56
房 : 방 방_ 104
方 : 모 방 ; 본뜰 방 ; 바야흐로 방 ; 겨우 방_ 18
紡 : 길쌈 방_ 104
竝 : 곁 방 ; 짝할 반 ; 나란히 병_ 117
徘 : 어정거릴 배_ 123
拜 : 절 배_ 110
杯 : 잔 배_ 107
背 : 등질 배 ; 배반할 배_ 53
陪 : 모실 배_ 64
伯 : 맏 백 ; 백배 백_ 44
白 : 흰 백 ; 알릴 백_ 17
百 : 일백 백_ 77
魄 : 넋 백 ; 재강 박 ; 영락할 탁_ 120
磻 : 강 이름 번 ; 강 이름 반 ; 돌살촉 파_ 67
煩 : 번거로울 번_ 74
伐 : 자랑할 벌 ; 칠 벌_ 13
法 : 법 법 ; 본받을 법_ 74
壁 : 벽 벽_ 61
璧 : 구슬 벽_ 30
弁 : 고깔 변 ; 말씀 변 ; 즐

거위할 반 ; 갖출 판_ 58
辨 : 분별할 변_ 87
別 : 나눌 별 ; 다를 별_ 41
弊 : 닭을 별 ; 폐단 폐 ; 해질 폐_ 74
丙 : 남녘 병 ; 셋째 천간 병_ 56
兵 : 병사 병 ; 전쟁 병_ 63
幷 : 아우를 병_ 77
秉 : 잡을 병_ 85
竝 : 나란히 병 ; 짝할 반 ; 곁 방_ 117
寶 : 보배 보_ 30
步 : 걸음 보_ 122
父 : 경칭 보 ; 아버지 부_ 31
布 : 보시 보 ; 베 포 ; 펼 포_ 115
伏 : 엎드릴 복 ; 안을 부_ 15
服 : 옷 복 ; 복종할 복 ; 대신 복 ; (≒懷)품을 복_ 11
福 : 복 복_ 29
覆 : 다시 복 ; 덮을 부_ 24
本 : 근본 본_ 82
奉 : 받들 봉_ 43
封 : 봉할 봉 ; 제사이름 봉_ 63
鳳 : 봉새 봉_ 17
伏 : 안을 부 ; 엎드릴 복_ 15
覆 : 덮을 부 ; 다시 복_ 24
俯 : 구부릴 부_ 122
傅 : 스승 부_ 43
夫 : 남편 부 ; 어조사 부_ 42
婦 : 아내 부_ 42
富 : 부유할 부_ 65
府 : 마을 부_ 62
扶 : 도울 부_ 69
浮 : 뜰 부 ; 부처 부_ 53
父 : 아버지 부 ; 경칭 보_ 31
阜 : 언덕 부_ 68
分 : 나눌 분 ; 단위 푼_ 46
墳 : 무덤 분_ 60
紛 : 어지러울 분_ 117
匪 : 나눌 분 ; 비적 비_ 48
不 : 아니 불_ 35
弗 : 아닐 불_ 47
匪 : 비적 비 ; 나눌 분_ 48
卑 : 낮을 비_ 41
悲 : 슬플 비_ 25
枇 : 비파나무 비_ 96
比 : 견줄 비 ; 아첨할 비_ 44
碑 : 비석 비_ 66
肥 : 살찔 비_ 65
非 : 아닐 비 ; (↔是)그를 비 ; 비방할 비_ 30
飛 : 날 비_ 54
嚬 : 찡그릴 빈_ 118
賓 : 손 빈_ 16

ㅅ

事 : 일 사 ; 섬길 사_ 31
仕 : 벼슬 사_ 39
似 : 닮을 사_ 34
使 : 부릴 사 ; 하여금 사 ; 심부름 보낼 시_ 24
史 : 역사 사 ; 화사할 사_ 85
嗣 : 이을 사_ 109
四 : 넉 사_ 19
士 : 선비 사 ; (=師)군사 사_ 71
寫 : 베낄 사_ 55
射 : 쏠 사 ; 맞힐 석 ; 벼슬 이름 야 ; 싫어할 역_ 115
師 : 스승 사 ; (=士)군사 사_ 10
思 : 생각 사 ; 어조사 사_ 36
斯 : 이 사 ; (=則)어조사 사 ; 잠깐 사_ 34
沙 : 모래 사_ 76
祀 : 제사 사_ 109
絲 : 실 사 ; 가는 실 멱_ 25
肆 : 방자할 사_ 57
舍 : (=捨)버릴 사 ; 집 사_ 56
謝 : 사례할 사_ 94
辭 : 말씀 사 ; 핑계 사_ 36
食 : 먹일 사 ; 먹을 식 ; 밥 식_ 17
索 : 노 삭 ; 찾을 색_ 92
散 : 흩을 산_ 93
攝 : 깃 꾸미개 삽 ; 편안할 녑 ; 다스릴 섭 ; 잡을 섭_ 39
上 : 윗 상 ; 임금 상 ; 가장자리 상_ 42
傷 : 상할 상_ 20
嘗 : 맛볼 상 ; 일찌기 상 ; 가을제사 상_ 109
常 : 항상 상 ; 떳떳할 상 ; (=嘗)일찍이 상_ 19
想 : 생각 상_ 112
牀 : 상 상_ 106
相 : 서로 상 ; 재상 상 ; 점칠 상 ; (=狀)모양 상_ 62
箱 : 상자 상_ 99
翔 : 날 상_ 9
裳 : 치마 상_ 11
觴 : 잔 상_ 107
詳 : 자세할 상_ 111
象 : 코끼리 상_ 106
賞 : 상줄 상_ 84
霜 : 서리 상_ 5
顙 : 이마 상_ 110
塞 : 변방 새 ; 막힐 색 ; 변방 새_ 79
穡 : 거둘 색_ 82
索 : 찾을 색 ; 노 삭_ 92
色 : 빛 색_ 87
生 : 날 생_ 6
笙 : 생황 생_ 57
省 : 덜 생 ; 살필 성_ 89
庶 : 여러 서 ; 거의 서_ 86
暑 : 더울 서_ 3
書 : 글 서 ; 책 서 ; 쓸 서_ 61
西 : 서녘 서_ 52
黍 : 기장 서_ 83
豫 : 펼 서 ; 미리 예_ 108
射 : 맞힐 석 ; 쏠 사 ; 벼슬 이름 야 ; 싫어할 역_ 115
夕 : 저녁 석_ 106
席 : 자리 석_ 57
石 : 돌 석_ 80
釋 : 풀 석 ; 기뻐할 역_ 117
仙 : 신선 선_ 55
善 : 착할 선 ; 잘할 선_ 29
宣 : 베풀 선_ 76
扇 : 부채 선_ 105

璇 : 옥 선_ 120
禪 : 선 선_ 78
膳 : 선물 선; 반찬 선_ 101
設 : 베풀 설_ 57
說 : 말씀 설; 달랠 세; (=悅)기뻐할 열; (=脫)벗을 탈_ 70
攝 : 다스릴 섭; 잡을 섭; 편안할 녑; 깃 꾸미개 삽_ 39
葉 : 땅 이름 섭; 잎 엽_ 97
城 : 재 성_ 79
性 : 성품 성_ 49
成 : 이룰 성_ 4
星 : 별 성_ 58
盛 : 성할 성; 담을 성_ 34
省 : 살필 성; 덜 생_ 89
聖 : 성인 성_ 26
聲 : 소리 성_ 28
誠 : 정성 성; 진실로 성_ 37
說 : 달랠 세; 말씀 설; (=悅)기뻐할 열; (=脫)벗을 탈_ 70
世 : 세상 세; 대 세_ 65
歲 : 해 세_ 4
稅 : 세금 세; 수의 수; 기뻐할 열; 벗을 탈; 추복 입을 태_ 84
嘯 : 휘파람 불 소; 꾸짖을 질_ 115
少 : 적을 소; 젊을 소_ 103
所 : 바 소; 처소 소_ 38
疏 : 멀어질 소; 트일 소; 소통할 소_ 91
笑 : 웃음 소; 비웃을 소_ 118
素 : 흴 소; 본디 소_ 85
逍 : 노닐 소_ 93
卲 : 높을 소_ 121
霄 : 하늘 소; 닮을 초_ 98
招 : 풍류 이름 소; 지적할 교; 부를 초_ 94
俗 : 풍속 속_ 117
屬 : 무리 속; 이을 촉_ 100
束 : 묶을 속; 약속할 속_ 123
續 : 이을 속_ 109
湌 : 물말이할 손; 먹을 찬_ 101
率 : 거느릴 솔; 따를 솔; 경솔할 솔; 모두 솔; 비율 률_ 16
悚 : 두려울 송_ 110
松 : 소나무 송_ 34
稅 : 수의 수; 세금 세; 기뻐할 열; 벗을 탈; 추복 입을 태_ 84
修 : 닦을 수; 수선할 수_ 121
受 : 받을 수_ 43
垂 : 드리울 수_ 14
守 : 지킬 수_ 50
岫 : 산굴 수_ 81
手 : 손 수_ 108
收 : 거둘 수_ 3
樹 : 나무 수; 세울 수_ 17
殊 : 다를 수_ 41
水 : 물 수_ 6
獸 : 짐승 수_ 55
綏 : 편안할 수_ 121
誰 : 누구 수_ 91
隨 : 따를 수_ 42
首 : 머리 수_ 15
宿 : 별자리 수; 잘 숙_ 2
叔 : 아저씨 숙_ 44
夙 : 이를 숙_ 33
孰 : 누구 숙; (=熟)익을 숙_ 68
宿 : 잘 숙; 별자리 수_ 2
淑 : 맑을 숙_ 118
熟 : 익을 숙_ 84
俶 : 비로소 숙; 기재 있을 척_ 83
筍 : 죽순 순_ 106
俊 : 순임금 순; 준걸 준_ 71
訓 : 길 순; 가르칠 훈_ 43
瑟 : 큰 거문고 슬_ 57
習 : 익힐 습_ 28
承 : 이을 승_ 59
陞 : 오를 승_ 58
使 : 심부름 보낼 시; 부릴 사; 하여금 사_ 24
侍 : 모실 시_ 104
始 : 비로소 시_ 11
市 : 저자 시_ 99
恃 : 믿을 시; 시어미 시_ 23
施 : 베풀 시; 버릴 이_ 118
是 : 이 시; 옳을 시_ 30
時 : 때 시; (=是)이 시_ 67
矢 : 화살 시_ 119
詩 : 시 시_ 25
寔 : 이 식_ 71
息 : 쉴 식; 꺼질 식; 자식 식_ 35
植 : 심을 식; 둘 치_ 88
食 : 밥 식; 먹을 식; 먹일 사_ 17
信 : 믿을 신; 진실로 신_ 24
愼 : 삼갈 신_ 37
新 : 새로울 신_ 84
神 : 귀신 신_ 49
臣 : 신하 신_ 15
薪 : 땔나무 신_ 121
身 : 몸 신_ 19
辰 : 별 신; 때 신; 별자리 진; 지지(地支) 진_ 2
親 : (=新)새로울 신; 친할 친_ 103
實 : 열매 실; 채울 실; 사실 실_ 66
審 : 살필 심_ 111
尋 : 찾을 심; 여덟 자 심_ 93
心 : 마음 심_ 49
深 : 깊을 심_ 33
甚 : 심할 심_ 38
沈 : 성씨 심; 잠길 침_ 92

ㅇ

兒 : 아이 아_ 44
我 : 나 아_ 83
阿 : 언덕 아; 호칭 옥_ 67
雅 : 맑을 아; 바를 아_ 51
御 : 맞을 아; 거느릴 어; 막을 어_ 104
嶽 : 큰 산 악_ 78
惡 : 악할 악; 미워할 오; 어찌 오_ 29
樂 : 노래 악; 즐길 락; 좋아할 요_ 41
安 : 편안 안; 어찌 안_ 36
雁 : 기러기 안_ 79
斡 : 돌 알; 주장할 간_ 120

巖 : 바위 암_ 81
厭 : 겸연쩍을 암 ; 물릴 염 ; 싫어할 염_ 102
仰 : 우러를 앙_ 122
映 : 희미할 앙 ; 비칠 영_ 35
英 : 못자리의 모 앙 ; 꽃부리 영 ; 뛰어날 영_ 60
愛 : 사랑 애 ; 아낄 애_ 15
乂 : 징계할 애 ; 벨 예_ 71
射 : 벼슬 이름 야 ; 쏠 사 ; 맞힐 석 ; 싫어할 역_ 115
也 : 어조사 야_ 125
夜 : 밤 야_ 7
野 : 들 야 ; 촌스러울 야_ 80
弱 : 약할 약_ 69
約 : 맺을 약 ; 요약할 약_ 74
若 : 같을 약 ; 만약 약 ; 너 약_ 36
躍 : 뛸 약 ; 빨리 달릴 적_ 113
糧 : 양식 양 ; 양식 량_ 103
量 : 헤아릴 양 ; 헤아릴 량_ 24
羊 : 양 양_ 25
讓 : 사양할 양 ; 꾸짖을 양_ 12
陽 : 볕 양_ 4
養 : 기를 양_ 20
驤 : 머리 들 양_ 113
御 : 거느릴 어 ; 막을 어 ; 맞을 아_ 104
於 : 어조사 어 ; (=嗚)탄식할 오_ 82
語 : 말씀 어_ 125
魚 : 물고기 어_ 85
飫 : 물릴 어_ 102
焉 : (=於此)어조사 언 ; 어찌 언_ 125
言 : 말씀 언 ; 어조사 언_ 36
嚴 : 엄할 엄_ 31
奄 : 문득 엄_ 68
業 : 일 업_ 38
呂 : 성씨 여 ; 법칙 여 ; 성씨 려 ; 법칙 려_ 4
黎 : 검을 여 ; 검을 려_ 15
如 : 같을 여 ; 만약 여 ; (=之)갈 여 ; 혹(或) 여_ 34
與 : 더불 여 ; 줄 여 ; 허여할 여 ; (=歟)그런가 여 ; 참여할 예_ 31
餘 : 남을 여_ 4
歷 : 지날 역 ; 책력 역 ; 지날 력 ; 책력 력_ 95
射 : 싫어할 역 ; 쏠 사 ; 맞힐 석 ; 벼슬 이름 야_ 115
釋 : 기뻐할 역 ; 풀 석_ 117
亦 : 또 역_ 60
易 : 바꿀 역 ; 쉬울 이 ; (≒治)다스릴 이_ 100
輦 : 가마 연 ; 가마 련_ 64
姸 : 고울 연_ 118
淵 : 깊을 연 ; 못 연_ 35
筵 : 대자리 연_ 57
緣 : 인연 연 ; 부인 옷 이름 단_ 29
讌 : 이야기할 연_ 107
列 : 벌일 열 ; 벌일 렬_ 2
說 : (=悅)기뻐할 열 ; 말씀 설 ; 달랠 세 ; (=脫)벗을 탈_ 70
稅 : 기뻐할 열 ; 세금 세 ; 수의 수 ; 벗을 탈 ; 추복 입을 태_ 84
悅 : 기쁠 열_ 108
熱 : 더울 열_ 112
厭 : 싫어할 염 ; 물릴 염 ; 겸연쩍을 암_ 102
染 : 물들 염_ 25
葉 : 잎 엽 ; 땅 이름 섭_ 97
景 : (=影)그림자 영 ; 경치 경 ; 볕 경_ 26
靈 : 신령 영 ; 신령 령_ 55
領 : 거느릴 영 ; 거느릴 령_ 122
映 : 비칠 영 ; 희미할 앙_ 35
楹 : 기둥 영_ 56
榮 : 영화 ; 꽃 영_ 38
永 : 길 영 ; 읊을 영_ 121
營 : 경영할 영_ 68
盈 : 찰 영_ 2
纓 : 갓끈 영_ 64
英 : 꽃부리 영 ; 뛰어날 영 ; 못자리의 모 앙_ 60
詠 : 읊을 영_ 40
隸 : 종 예 ; 미칠 대 ; 종 례 ; 미칠 이_ 61
與 : 참여할 예 ; 더불 여 ; 줄 여 ; 허여할 여 ; (=歟)그런가 여_ 31
乂 : 벨 예 ; 징계할 애_ 71
藝 : 재주 예 ; 심을 예_ 83
譽 : 기릴 예 ; 명예 예_ 76
豫 : 미리 예 ; 펼 서_ 108
翳 : 깃 일산 예_ 97
惡 : 미워할 오 ; 어찌 오 ; 악할 악_ 29
於 : (=嗚)탄식할 오 ; 어조사 어_ 82
五 : 다섯 오_ 19
梧 : 오동나무 오_ 96
阿 : 호칭 옥 ; 언덕 아_ 67
玉 : 구슬 옥_ 6
溫 : 따뜻할 온 ; (=蘊)쌓을 온_ 33
翫 : 희롱할 완 ; 깔볼 완_ 99
阮 : 성씨 완 ; 나라 이름 원_ 115
曰 : 가로 왈_ 31
匡 : 앉은뱅이 왕 ; 바를 광_ 69
往 : 갈 왕_ 3
王 : 임금 왕 ; 왕노릇할 왕_ 16
皇 : 갈 왕 ; 임금 황_ 10
外 : 바깥 외_ 43
畏 : 두려워할 외_ 100
巍 : 빼어날 외 ; 나라 이름 위_ 72
陶 : 사람 이름 요 ; 질그릇 도_ 12
僚 : 동료 요 ; 예쁠 요 ; 동료 료 ; 예쁠 료_ 115
杳 : 아득할 요 ; 아득할 묘_ 81
樂 : 좋아할 요 ; 즐길 락 ; 노래 악_ 41
寥 : 쓸쓸할 요_ 92
曜 : 빛날 요_ 119
要 : 요긴할 요 ; 요구할 요_ 111
遙 : 멀 요_ 93
飄 : 불어 오르는 바람 요_ 97
欲 : 하고자 할 욕_ 24
浴 : 목욕할 욕_ 112

辱 : 욕될 욕_ 90
容 : 얼굴 용; 담을 용_ 36
庸 : 떳떳할 용; (=用)쓸 용; 평범할 용_ 86
用 : 쓸 용_ 75
優 : 넉넉할 우_ 39
友 : 벗 우_ 46
右 : 도울 우; 오른쪽 우_ 59
宇 : 집 우_ 1
寓 : 부칠 우_ 99
愚 : 어리석을 우_ 124
祐 : 복 우; 도울 우_ 121
禹 : 성씨 우_ 77
羽 : 깃 우; 음률 우_ 9
虞 : 염려할 우; 나라 이름 우_ 12
雨 : 비 우_ 5
云 : 이를 운; (=雲)구름 운_ 78
運 : 옮길 운_ 98
雲 : 구름 운_ 5
鬱 : 답답할 울; 울창할 울_ 54
阮 : 나라 이름 원; 성씨 완_ 115
圓 : 둥글 원_ 105
園 : 동산 원_ 95
垣 : 담 원_ 100
遠 : 멀 원_ 81
願 : 원할 원_ 112
月 : 달 월_ 2
位 : 자리 위_ 12
委 : 맡길 위; 자세할 위_ 97
威 : 위엄 위_ 76
渭 : 물 이름 위_ 53
爲 : 할 위; 될 위; 위할; 때문 위_ 5
謂 : 이를 위_ 125
魏 : 나라 이름 위; 빼어날 외_ 72
煒 : 빨갈 위; 빛 휘_ 105
惟 : 오직 유; 생각할 유_ 20
攸 : 바 유_ 100
有 : 있을 유; (=又)또 유_ 12
猶 : 같을 유; 오히려 유_ 44
猷 : 꾀 유_ 88
維 : 벼리 유_ 26
遊 : 놀 유_ 98
帷 : 휘장 유_ 104
輶 : 가벼울 유_ 100
育 : 기를 육_ 15
尹 : 다스릴 윤_ 67
閏 : 윤달 윤_ 4
戎 : 병장기 융; 오랑캐 융_ 15
殷 : 성할 은; 은나라 은_ 13
銀 : 은 은_ 105
隱 : 숨을 은; 가여워할 은_ 47
陰 : 그늘 음; 몰래 음_ 30
音 : 소리 음_ 87
邑 : 고을 읍_ 52
儀 : 거동 의_ 43
宜 : 마땅 의_ 37
意 : 뜻 의_ 50
疑 : 의심할 의; 아마 의_ 58
義 : 옳을 의_ 48
衣 : 옷 의; 저고리 의_ 11
隷 : 미칠 이; 미칠 대; 종 례; 종 예_ 61
施 : 버릴 이; 베풀 시_ 118
易 : 쉬울 이; (≒治)다스릴 이; 바꿀 역_ 100
二 : 두 이_ 52
以 : 써 이; 까닭 이; (=用)쓸 이; (=已)너무 이_ 40
伊 : 저 이_ 57
移 : 옮길 이_ 50
而 : 말 이을 이; (=爾)너 이_ 40
耳 : 귀 이; (=爾)뿐 이_ 100
貽 : 끼칠 이_ 88
邇 : 가까울 이_ 16
益 : 더할 익_ 40
鱗 : 비늘 연; 비늘 린_ 9
人 : 사람 인_ 10
仁 : 어질 인_ 47
因 : 인할 인_ 29
引 : 끌 인_ 122
壹 : 한 일_ 16
日 : 날 일_ 2
逸 : 편안할 일; 달아날 일_ 49
任 : 맡길 임; 신임할 임_ 116
入 : 들 입_ 43

ㅈ

姿 : 모양 자_ 118
子 : 자식 자; 스승 자; 그대 자_ 44
字 : 글자 자_ 11
慈 : 사랑 자_ 47
玆 : 이 자; 검을 자; 검을 현_ 82
紫 : 자줏빛 자_ 79
者 : 놈 자; 어조사 자_ 125
自 : 스스로 자; 부터 자_ 51
資 : 재물 자_ 31
藉 : 온화할 자; 문서 적_ 38
作 : 지을 작_ 26
爵 : 벼슬 작; 참새 작_ 51
潛 : 잠길 잠_ 9
箴 : 경계 잠_ 46
場 : 마당 장_ 17
將 : 장수 장; 장차 장; 가질 장_ 62
帳 : 장막 장_ 56
張 : 베풀 장_ 2
牆 : 담 장_ 100
章 : 글 장_ 14
腸 : 창자 장_ 101
莊 : 씩씩할 장; 장원 장_ 123
藏 : 감출 장_ 3
長 : 길 장; 어른 장_ 23
再 : 두 재_ 110
哉 : 어조사 재_ 125
在 : 있을 재_ 17
宰 : 재상 재_ 102
才 : 재주 재_ 21
載 : 실을 재; (≒年)해 재; (=戴)떠받들 대_ 83
諸 : (=之於)어조사 저(≒之乎)어조사 저; 모두 제_ 44
躍 : 빨리 달릴 적; 뛸 약_ 113
嫡 : 정실 적_ 109

寂 : 고요할 적_ 92
的 : 과녁 적_ 95
積 : 쌓을 적_ 29
籍 : 문서 적 ; 온화할 자_ 38
績 : 길쌈할 적_ 104
賊 : 도둑 적_ 114
赤 : 붉을 적_ 79
跡 : 발자취 적_ 77
適 : 맞을 적 ; 시집갈 적_ 101
傳 : 전할 전_ 28
典 : 법 전_ 60
殿 : 전각 전_ 54
田 : 밭 전 ; 사냥할 전_ 79
轉 : 구를 전_ 58
顚 : 엎드러질 전 ; 이마 전_ 48
牋 : 종이 전_ 111
翦 : 자를 전_ 75
切 : 끊을 절 ; 온통 체_ 46
節 : 마디 절_ 48
接 : 이을 접_ 107
丁 : 장정 정 ; 고무래 정_ 70
亭 : 정자 정_ 78
定 : 정할 정_ 36
庭 : 뜰 정_ 80
情 : 뜻 정_ 49
政 : 정사 정 ; (=征)칠 정_ 39
正 : 바를 정 ; 정월 정 ; 기대할 정_ 27
精 : 정할 정 ; 찧을 정_ 75
貞 : 곧을 정_ 21
靜 : 고요할 정_ 49
制 : 절제할 제 ; (=製)지을 제_ 11
帝 : 임금 제_ 10
弟 : 아우 제 ; (=悌)공경할 제_ 45
濟 : 건널 제_ 69
祭 : 제사 제_ 109
諸 : 모두 제 ; (=之於)어조사 저 ; (≒之乎)어조사 저_ 44
敦 : 아로새길 조 ; 모일 단 ; 제기 대 ; 덮을 도 ; 도타울 돈 ; 다스릴 퇴_ 85
凋 : 시들 조_ 96
助 : 도울 조_ 125
弔 : 위로할 조_ 13
操 : 잡을 조_ 51
早 : 이를 조_ 96
朝 : 아침 조 ; 조회할 조_ 14
條 : 가지 조_ 95
照 : 비칠 조_ 120
眺 : 바라볼 조_ 123
糟 : 지게미 조_ 102
組 : 짤 조_ 91
調 : 고를 조 ; 아침 주_ 4
趙 : 찌를 조 ; 조나라 조_ 72
造 : 지을 조_ 47
釣 : 낚을 ; 낚시 조_ 116
鳥 : 새 조_ 10
足 : 발 족 ; 만족할 족 ; 지나칠 주_ 108
存 : 있을 존_ 40
尊 : 높을 존 ; (=樽)술 그릇 준_ 41
宗 : 마루 종_ 78
從 : 좇을 ; 쫓을 종 ; 부터 종_ 39
終 : 마칠 종_ 37
鍾 : 쇠북 종 ; 술병 종_ 61
佐 : 도울 좌_ 67
坐 : 앉을 좌_ 14
左 : 왼 좌_ 59
罪 : 허물 죄_ 13
調 : 아침 주 ; 고를 조_ 4
足 : 지나칠 주 ; 발 족 ; 만족할 족_ 108
主 : 주인 주 ; 임금 주_ 78
周 : 두루 주_ 13
奏 : 아뢸 주 ; 연주할 주_ 94
宙 : 집 주_ 1
州 : 고을 주_ 77
晝 : 낮 주_ 106
珠 : 구슬 주_ 7
誅 : 벨 주_ 114
酒 : 술 주_ 107
尊 : (=樽)술 그릇 준 ; 높을 존_ 41
俊 : 준걸 준 ; 순임금 순_ 71
遵 : 좇을 준_ 74
中 : 가운데 중_ 86
重 : 무거울 중 ; 거듭 중_ 8
卽 : 곧 즉_ 90
則 : (=卽)곧 즉 ; 법칙 칙_ 32
增 : 더할 증 ; 겹칠 층_ 89
蒸 : 찔 증_ 109
都 : 못 지 ; 도읍 도_ 52
之 : 그것 지 ; 어조사 지 ; 갈 지_ 34
地 : 땅 지_ 1
志 : 뜻 지 ; (=誌)기록할 지_ 50
持 : 가질 지_ 51
指 : 가리킬 지_ 121
枝 : 가지 지_ 45
止 : 그칠 지_ 36
池 : 해자 지 ; 못 지_ 80
知 : 알 지 ; (=智)지혜 지_ 22
祇 : 다만 지 ; 공경할 지 ; 땅귀신 기_ 88
紙 : 종이 지_ 116
直 : 곧을 직 ; 다만 직_ 85
稷 : 피 직_ 83
職 : 직분 직_ 39
振 : 떨칠 진_ 64
晉 : 진나라 진 ; 나아갈 진_ 72
珍 : 보배 진_ 8
盡 : 다할 진_ 32
眞 : 참 진_ 50
秦 : 성씨 진 ; 나라 이름 진_ 77
辰 : 별자리 진 ; 지지(地支) 진 ; 별 신 ; 때 신_ 2
陳 : 베풀 진 ; 묵을 진_ 97
嘯 : 꾸짖을 질 ; 휘파람 불 소_ 115
執 : 잡을 집_ 112
集 : 모을 집_ 60
澄 : 맑을 징 ; 나뉠 등_ 35

ㅊ

且 : 또 차 ; 장차 차 ; 우선 차_ 108
次 : 머뭇거릴 차 ; 버금 차_ 47
此 : 이 차_ 19
讚 : 기릴 찬_ 25
湌 : 먹을 찬 ; 물말이할

손_ 101
察 : 살필 찰_ 87
斬 : 벨 참_ 114
唱 : 부를 창_ 42
綵 : 비단 채_ 55
菜 : 나물 채_ 8
策 : 꾀 책; 채찍 책_ 66
處 : 곳 처; 거처할 처_ 92
俶 : 기재 있을 척; 비로소 숙_ 83
尺 : 자 척_ 30
戚 : 친척 척; (=慽)근심할 척_ 103
陟 : 오를 척_ 84
慼 : 근심할 척_ 94
千 : 일천 천_ 63
天 : 하늘 천_ 1
川 : 내 천_ 35
賤 : 천할 천_ 41
踐 : 밟을 천_ 73
瞻 : 볼 첨_ 123
妾 : 첩 첩_ 104
牒 : 편지 첩_ 111
聽 : 들을 청_ 28
靑 : 푸를 청_ 76
淸 : 서늘할 청_ 33
切 : 온통 체; 끊을 절_ 46
體 : 몸 체_ 16
霄 : 닮을 초; 하늘 소_ 98
初 : 처음 초_ 37
招 : 부를 초; 지적할 교; 풍류 이름 소_ 94
楚 : 초나라 초_ 72
草 : 풀 초_ 18
超 : 뛰어넘을 초_ 113
誚 : 꾸짖을 초_ 124
屬 : 이을 촉; 무리 속_ 100
燭 : 촛불 촉_ 105
寸 : 마디 촌_ 30
寵 : 사랑할 총; 현 이름 룡_ 89
催 : 재촉할 최_ 119
最 : 가장 최_ 75
抽 : 뽑을 추_ 95
推 : 밀 추; 밀 퇴_ 12
秋 : 가을 추_ 3
逐 : 쫓을 축_ 50
出 : 날 출_ 6
黜 : 내칠 출_ 84
充 : 채울 충_ 101
忠 : 충성 충_ 32
取 : 가질 취_ 35
吹 : 불 취_ 57
翠 : 푸를 취; 물총새 취_ 96
聚 : 모을 취_ 60
惻 : 슬퍼할 측_ 47
昃 : 기울 측_ 2
增 : 겹칠 층; 더할 증_ 89
植 : 둘 치; 심을 식_ 88
侈 : 사치할 치_ 65
恥 : 부끄러울 치_ 90
治 : 다스릴 치_ 82
致 : 이를 치; 그만둘 치; 지극할 치; (=委)맡길 치_ 5
馳 : 달릴 치_ 76
則 : 법칙 칙; (=卽)곧 즉_ 32
勅 : 삼갈 칙; 칙서 칙_ 86
親 : 친할 친; (=新)새로울 신_ 103
漆 : 옻 칠_ 61
沈 : 잠길 침; 성씨 심_ 92
稱 : 일컬을 칭; 저울 칭_ 7

ㅌ

魄 : 영락할 탁; 지강 박; 넋 백_ 120
說 : (=脫)벗을 탈; 말씀 설; 달랠 세; (=悅)기뻐할 열_ 70
稅 : 벗을 탈; 세금 세; 수의 수; 기뻐할 열; 추복 입을 태_ 84
耽 : 즐길 탐_ 99
湯 : 끓일 탕; 탕임금 탕_ 13
大 : (=太)너무 태; (=太)클 태; 클 대_ 19
稅 : 추복 입을 태; 세금 세; 수의 수 기뻐할 열; 벗을 탈_ 84
殆 : 위태로울 태; 거의 태_ 90
宅 : 집 택; 댁 댁_ 68
土 : 흙 토; 뿌리 두_ 73
洞 : 밝을 통; 골 동_ 80
通 : 통할 통_ 59
敦 : 다스릴 퇴; 모일 단; 제기 대; 덮을 도; 도타울 돈; 아로새길 조_ 85
推 : 밀 퇴; 밀 추_ 12
退 : 물러날 퇴_ 48
投 : 던질 투_ 46
特 : 특별할 특_ 113

ㅍ

磻 : 돌살촉 파; 강 이름 반; 강 이름 번_ 67
杷 : 비파나무 파_ 96
頗 : 자못 파_ 75
弁 : 갖출 판; 즐거워할 반; 고깔 변; 말씀 변_ 58
八 : 여덟 팔_ 63
沛 : 비 쏟아질 패; 늪 패_ 48
霸 : 으뜸 패; 두목 패_ 72
烹 : 삶을 팽_ 102
平 : 평평할 평; 다스릴 평_ 14
弊 : 폐단 폐; 해질 폐; 닦을 별_ 74
陛 : 대궐 섬돌 폐_ 58
布 : 베 포; 펼 포; 보시 보_ 115
捕 : 잡을 포_ 114
飽 : 배부를 포_ 102
表 : 겉 표; 시계 표_ 27
飄 : 나부낄 표_ 97
分 : 단위 푼; 나눌 분_ 46
彼 : 저 피_ 23
疲 : 피곤할 피_ 49
被 : 입을 피_ 18
必 : 반드시 필_ 22
筆 : 붓 필_ 116
逼 : 핍박할 핍_ 91

ㅎ

下 : 착수할 하; 아래 하_ 42
何 : 어찌 하_ 74
夏 : 여름 하; 하나라 하_ 52
河 : 물 하_ 9
荷 : 연꽃 하; 멜 하_ 95
遐 : 멀 하_ 16
學 : 배울 학_ 39

寒 : 찰 한_ 3
漢 : 한나라 한_ 70
閒 : (=閑)한가할 한 ; (=間) 사이 간_ 92
韓 : 한국 한 ; 나라 한_ 74
鹹 : 짤 함 ; 다 함_ 9
盍 : 어찌 합 ; 덮을 개_ 19
合 : 합할 합_ 69
恒 : 항상 항_ 78
抗 : 겨룰 항_ 89
行 : 줄 항 ; 항렬 항 ; 다닐 행_ 26
海 : 바다 해_ 9
解 : 풀 해_ 91
駭 : 놀랄 해_ 113
骸 : 뼈 해_ 112
幸 : 다행 행_ 90
行 : 다닐 행 ; 줄 항 ; 항렬 항_ 26
虛 : 빌 허_ 28
見 : 뵈올 현 ; (=現)나타날 현 ; 볼 견 ; 당할 견_ 91
玆 : 검을 현 ; 이 자 ; 검을 자_ 82
懸 : 달 현_ 120
玄 : 검을 현_ 1
絃 : 줄 현_ 107
縣 : 고을 현 ; 매달 현_ 63
賢 : 어질 현_ 26
挾 : 낄 협_ 62
兄 : 형 형_ 45
刑 : 형벌 형 ; 당기 형_ 74
形 : 모양 형_ 27
衡 : 저울대 형 ; 가로 횡_ 67
馨 : 꽃다울 형_ 34
惠 : 은혜 혜_ 70
嵇 : 산 이름 혜_ 115
臯 : 부를 호 ; 언덕 고 ; 못 고_ 90
乎 : 어조사 호_ 125
好 : 좋을 호_ 51
戶 : 지게 호 ; 집 호_ 63
號 : 이름 호 ; 부르짖을 호_ 7
昆 : (=混)뒤섞일 혼 ; 형 곤_ 80
洪 : 넓을 홍_ 1
化 : 될 화_ 18
和 : 화할 화_ 42
火 : 불 화_ 10
禍 : 재앙 화_ 29
華 : 빛날 화_ 52
畫 : 그림 화 ; 그을 획_ 55
獲 : 상심할 확 ; 얻을 획_ 114
丸 : 둥글 환_ 115
歡 : 기쁠 환_ 94
桓 : 굳셀 환_ 69
環 : 고리 환_ 120
紈 : 흰 비단 환_ 105
惶 : 두려울 황_ 110
煌 : 빛날 황_ 105
皇 : 임금 황 ; 갈 왕_ 10
荒 : 거칠 황 ; 공허할 강_ 1
黃 : 누를 황_ 1
回 : 돌아올 회_ 70
徊 : 머뭇거릴 회_ 123
懷 : 품을 회_ 45
晦 : 그믐 회_ 120
會 : 모일 회 ; 마침 회_ 73
畫 : 그을 획 ; 그림 화_ 55
獲 : 얻을 획 ; 상심할 확_ 114
衡 : 가로 횡 ; 저울대 형_ 67
橫 : 가로 횡 ; 제 멋대로할 횡_ 72
孝 : 효도 효_ 32
效 : 본받을 효_ 21
後 : 뒤 후 ; (=后)임금 후_ 109
訓 : 가르칠 훈 ; 길 순_ 43
毁 : 헐 훼_ 20
煒 : 빛 휘 ; 빨갈 위_ 105
暉 : 빛 휘_ 119
虧 : 이지러질 휴_ 48
欣 : 기쁠 흔_ 94
興 : 일어날 흥_ 33
旣 : 녹봉 희 ; 이미 기_ 60
羲 : 복희씨 희_ 119

五 語助

謂語助者 焉哉乎也

千字文讀本 終

骸垢想浴 執熱願涼 驢騾犢特 駭躍超驤
誅斬賊盜 捕獲叛亡 布射僚丸 嵇琴阮嘯
恬筆倫紙 鈞巧任釣 釋紛利俗 竝皆佳妙
毛施淑姿 工嚬妍笑 年矢每催 羲暉朗曜
璇璣懸斡 晦魄環照 指薪修祐 永綏吉卲
矩步引領 俯仰廊廟 束帶矜莊 徘徊瞻眺
孤陋寡聞 愚蒙等誚

枇杷晚翠 梧桐早凋 陳根委翳 落葉飄颻
遊鯤獨運 凌摩絳霄 耽讀翫市 寓目囊箱
易輶攸畏 屬耳垣牆 具膳湌飯 適口充腸
飽飫烹宰 飢厭糟糠 親戚故舊 老少異糧
妾御績紡 侍巾帷房 紈扇圓潔 銀燭煒煌
晝眠夕寐 藍筍象牀 絃歌酒讌 接杯擧觴
矯手頓足 悅豫且康 嫡後嗣續 祭祀蒸嘗
稽顙再拜 悚懼恐惶 牋牒簡要 顧答審詳

四 處身治家之道

治本於農 務玆稼穡 俶載南畝 我藝黍稷
稅熟貢新 勸賞黜陟 孟軻敦素 史魚秉直
庶幾中庸 勞謙謹勅 聆音察理 鑒貌辨色
貽厥嘉猷 勉其祗植 省躬譏誡 寵增抗極
殆辱近恥 林皐幸卽 兩疏見機 解組誰逼
索居閒處 沈默寂寥 求古尋論 散慮逍遙
欣奏累遣 慼謝歡招 渠荷的歷 園莽抽條

策功茂實 勒碑刻銘 磻溪伊尹 佐時阿衡
奄宅曲阜 微旦孰營 桓公匡合 濟弱扶傾
綺回漢惠 說感武丁 俊乂密勿 多士寔寧
晉楚更霸 趙魏困橫 假途滅虢 踐土會盟
何遵約法 韓弊煩刑 起翦頗牧 用軍最精
宣威沙漠 馳譽丹青 九州禹跡 百郡秦幷
嶽宗恒岱 禪主云亭 鴈門紫塞 雞田赤城
昆池碣石 鉅野洞庭 曠遠綿邈 巖岫杳冥

三　王天下之基

都邑華夏　東西二京　背邙面洛　浮渭據涇

宮殿盤鬱　樓觀飛驚　圖寫禽獸　畫綵仙靈

丙舍傍啓　甲帳對楹　肆筵設席　鼓瑟吹笙

陞階納陛　弁轉疑星　右通廣內　左達承明

既集墳典　亦聚群英　杜稾鍾隸　漆書壁經

府羅將相　路挾槐卿　戶封八縣　家給千兵

高冠陪輦　驅轂振纓　世祿侈富　車駕肥輕

學優登仕 攝職從政 存以甘棠 去而益詠
樂殊貴賤 禮別尊卑 上和下睦 夫唱婦隨
外受傅訓 入奉母儀 諸姑伯叔 猶子比兒
孔懷兄弟 同氣連枝 交友投分 切磨箴規
仁慈隱惻 造次弗離 節義廉退 顚沛匪虧
性靜情逸 心動神疲 守眞志滿 逐物意移
堅持雅操 好爵自縻

罔談彼短　靡恃己長　信使可覆　器欲難量

墨悲絲染　詩讚羔羊　景行維賢　克念作聖

德建名立　形端表正　空谷傳聲　虛堂習聽

禍因惡積　福緣善慶　尺璧非寶　寸陰是競

資父事君　曰嚴與敬　孝當竭力　忠則盡命

臨深履薄　夙興溫凊　似蘭斯馨　如松之盛

川流不息　淵澄取映　容止若思　言辭安定

篤初誠美　愼終宜令　榮業所基　籍甚無竟

始制文字 乃服衣裳 推位讓國 有虞陶唐

弔民伐罪 周發殷湯 坐朝問道 垂拱平章

愛育黎首 臣伏戎羌 遐邇壹體 率賓歸王

鳴鳳在樹 白駒食場 化被草木 賴及萬方

二 君子修身之道

蓋此身髮 四大五常 恭惟鞠養 豈敢毀傷

女慕貞烈 男效才良 知過必改 得能莫忘

千字文讀本

一 天地人之道

天地玄黃 宇宙洪荒 日月盈昃 辰宿列張
寒來暑往 秋收冬藏 閏餘成歲 律呂調陽
雲騰致雨 露結爲霜 金生麗水 玉出崑岡
劍號巨闕 珠稱夜光 果珍李柰 菜重芥薑
海鹹河淡 鱗潛羽翔 龍師火帝 鳥官人皇

千字文讀本 目次

一 天地人之道
二 君子修身之道
三 王天下之基
四 處身治家之道
五 語助

千字文 讀本

千字文讀本　目次

一　天地人之道……………七
二　君子修身之道…………八
三　王天下之基……………一一
四　處身治家之道…………一三
五　語助……………………一六

본 독본은 원문 강독講讀 및 성독용聲讀用으로 제공하는 것이다.

한문의 성독 능력은 곧 한문독해력漢文讀解力과 비례한다고 할 수 있을 만큼 한문 연수의 중요 과정 중 하나이다. 한 책冊을 수십, 수백 회를 읽어서 원문을 통째로 암기暗記하는 것이 한문독해력 신장에 가장 좋다.

제대로 된 암기를 위해서는 원문을 물 흐르듯 줄줄 읽어 내려갈 수 있는 단계, 즉 '입에 올린다' 하여 '상구上口'라고 하는 과정을 반드시 거쳐야 한다.

그런데 처음 한문을 읽는 대부분의 사람은 상구의 과정 없이 몇 번만 대충 읽어보고는 머릿속으로만 의미에 따라 자구字句를 억지로 조합하려고 한다.

혹 암기력이 뛰어나서 억지로 한문 문장을 외우더라도 이렇게 외운 문장은 금세 잊히게 된다. 그러므로 자신의 학문독해력 신장을 목표로 둔 사람이라면 문장을 빨리 암기하려는 욕심을 버리고, 원문의 의미를 음미하면서 여러 차례 반복적으로 읽을 것을 권한다.

※ 본 독본을 읽을 때는, 앞 교재에서 '현토懸吐'와 '끊어 읽거나 쉬는 위치(▽)' 등의 내용을 참조하면 좋다.

千字文

讀本